RECLAM-BIBLIOTHEK

Wer es zur literarischen Meisterschaft bringen will, tut gut daran, von den Meistern zu lernen. Wie haben es Goethe, Flaubert, Highsmith, Hitchcock, Kafka und all die anderen gemacht? Tips und Tricks aus erster Hand: Wem der Anfang schwerfällt, der soll – so der römische Dichter Horaz – den Anfang meiden und mit dem Schluß beginnen. Und Friedrich Schiller bekannte offenherzig: »Wenn die Gedanken ausgehen, dann mal ich Rössel.« Genies sind eben keine Zauberer, sondern Architekten. Hartmut Kasper eröffnet einen Einblick in die Anatomie ihrer großen Werke, entrollt ihre geheimen Baupläne und zeigt, wie sie hinter den Kulissen die Fäden ziehen.

Hartmut Kasper, geb. 1959, lebt als Germanist und Publizist in Buer. Zuletzt erschien bei Reclam Leipzig das »Lexikon der wunderbaren Fahrzeuge« (1999).

Hartmut Kasper

Schule der Autoren

Ein Handbuch der Dicht- und Schreibkunst

RECLAM VERLAG LEIPZIG

Mit 11 Abbildungen

ISBN 3-379-01697-7

Reclam-Bibliothek Band 1697
1. Auflage, 2000
Reihengestaltung: Hans Peter Willberg
Umschlaggestaltung: Matthias Gubig, Berlin
Gesetzt aus Meridien
Satz: abg satz und bild GmbH, Altenburg
Druck und Bindung: Ebner Ulm
Printed in Germany

Inhalt

III

Kritik der poetischen Vernunft

IV

Details

V

Dinge zwischen Autor, Text und Leser

Vorwort

»Gesetzt, man hätte eine poetische Schule, wo man die Hauptvorteile und Erfordernisse der Dichtkunst wenigstens dem Verstande eines solchen jungen Mannes klar machen könnte, was glaubten Sie, daß aus einem solchen Naturell gezogen werden könnte?« schreibt Johann Wolfgang Goethe am 4. Februar 1797 an Friedrich Schiller. Mit dem erwähnten jungen Mann ist vermutlich Maximilian Jakobi gemeint, welcher Goethe am 17. Januar jenen Jahres ein uns nicht überliefertes Epos hatte vorstellen dürfen. »Es ist«, urteilt Goethe, »eine gewisse anmutige freie Weltsicht drinne und eine hübsche Jugend; aber freilich alles nur Stoff und, wie mich dünkt, keine Spur von einer zusammenfassenden Form.« An Ideen hat es dem Nachwuchsautor also nicht gemangelt, wohl aber an künstlerischer – und das heißt bei Goethe auch: verständiger – Gestaltungsfähigkeit.

Selten ist in Deutschland dieser Hinweis aufgegriffen und der Versuch unternommen worden, eine Poetische Schule im Goetheschen Sinne zu gründen. In der DDR hatte es immerhin das Leipziger Literaturinstitut Johannes R. Becher gegeben, das nach der Wiedervereinigung auf West- und Westentaschenformat eingeschrumpft wurde. Diverse Volkshochschulen und Universitäten bieten seit den 70er Jahren des 20. Jahrhunderts Kurse im sogenannten Kreativen Schreiben an, in denen die Eingeschriebenen das literarische Texten zu verschiedensten Zwecken lernen: zur Schulung des eigenen Stilbewußtseins, zur Selbsterkenntnis und Selbsttherapie, zur Vorbereitung auf eine eigene dichterische Laufbahn, zum Vergnügen.

Die Argumente für und wider Dichterschulen sind seit langen Jahren mobilisiert und stehen einander ziemlich bewegungslos gegenüber:

Dafür spricht, daß auch Bildende Kunst, Musik, Graphik-Design, Schauspielkunst und dergleichen Kunstausübungen als eigene Studiengänge eingerichtet sind; dagegen, daß man das Fehlen einer Entsprechung für die dichterischen Berufe nie recht zu spüren bekam. Die an deutschsprachiger Literatur interessierten Verlage können über manches klagen, nicht aber über einen Mangel an Autoren. Wer also braucht einen Studiengang Textproduktion? Wer schreiben will, schreibt. Ihn wird die Abwesenheit habilitierter Poesieprofessoren nicht schrecken.

Ich will nicht nach den Motiven fahnden, die jemanden ans Werk bringen, vermute aber, daß es uns allen einfach guttut, im Ruf des Schöpferischen zu stehen. Schön und klangvoll ist der Name »Kreativität«. Wer wäre nicht gerne kreativ, sondern – ja, was wären hier die geeigneten Gegenbegriffe: einfallslos, stupide, gimpelhaft? 1983 erschien Gabriele Lusser Ricos Titel »Writing the Natural Way« auf dem Markt, den der Rowohlt Verlag ein Jahr später auf »Garantiert schreiben lernen« ummünzte. Das sah auf den ersten Blick wie »Malen nach Zahlen« für den Schriftbereich aus. Man erwartete einen Aufkleber mit »Geld-zurück-Garantie«. Man erwartete überhaupt zuviel von dieser Bibel des Kreativen Schreibens, die im Untertitel als »ein Intensivkurs auf der Grundlage der modernen Hirnforschung« ausgegeben wurde, verfaßt, um »sprachliche Kreativität (zu) entwickeln«.

Ricos Kompilation aus Stilkunde und Brachial-Neurologie basiert auf der Idee, die zwei menschlichen Hirnhälften, sonst arbeitsteilig-einträchtig beisammen, lägen in einer Art von Kaltem Krieg miteinander, in dem die linke Hälfte (der »Kritiker, Zensor und Korrektor«, der »die Welt in klar abgrenzbare Einheiten« aufteilt) allmählich zu obsiegen droht. Rico will nun mit kreativer Gewalt die bislang zu kurz gekommene rechte Hemisphäre unterstützen, denn diese »stellt Zuammenhänge her« und »*Sinngefüge*«. (Gabriele L. Rico: Garantiert schreiben lernen. Reinbek bei Hamburg 1984,

Seite 16) Am Ende ihrer hirnphysiologischen Eskapaden verspricht sie eine neue Harmonie, die allerdings eine schon gehabte, nur leider verlorengegangene ist: Die »natürliche« Schreibweise ist die kindgemäße: Die »Geschichten, die Kinder erzählen, haben eine große Ausdruckskraft und Frische (...). Diese Fähigkeit, sich selbst mit den Mitteln der Sprache zum Ausdruck zu bringen, geht uns offenbar verloren, je mehr Wissen über das Schreiben wir erwerben.« (Seite 14)

Also mit Rico-Rousseau zurück zur angeborenen, naturgegebenen Sprachkultur, zur Freiheit für das rational-zivilisatorisch geknechtete Kind in uns allen. Als Königsweg ins verlorene Paradies weist sie das Clustering, eine primitive Assoziationstechnik, bei der um ein Stichwort herum Worteinfälle notiert werden. Aus den so entstandenen semantischen Flickwerken werden dann Texte geknüpft.

Sollte Kreativität wirklich auf freier Assoziation gründen und nicht auf zielgerichteter Erkenntnis von – ästhetischen – Problemen und ihren Lösungen?

Zum Stichwort Kreativität läßt sich ein ganz anderes, weit realistischeres Urbild als das der Ricoschen Assoziationsmanufaktur anführen: In der ersten Folge der TV-Sf-Serie »Star Trek – Voyager« (USA 1995) wird das Raumschiff der Rebellen (Rebellen sind in Zukunftsfilmen immer Leitfiguren) von einem cardassianischen Schlachtschiff verfolgt und angegriffen. Ein Treffer beschädigt das Rebellenschiff, Funken schlagen, elektrische Entladungen, Getöse. Die Bordingenieurin B'Elanna Torres meldet ihrem Commander die Schäden; es sieht schlimm aus. »Was soll ich tun?« schreit sie ihm durch den Lärm zu. Und Commander Chakotay befiehlt: »Be creative!« – sei kreativ!

Sie ist es, und das Schiff entkommt mit knapper Not. Die weniger kreativen Cardassianer gehen unter.

Viele Autoren, bildende Künstler und Komponisten, Termin- und Auftragsarbeiter manövrieren sich in eine vergleichbare Lage – wenn auch nicht in Lebensgefahr auf cardassianischem Territorium, so doch in Zeitnot. Die

Deadline, die den letztmöglichen Abgabetermin festlegt, heißt nicht umsonst so. Bis dahin nämlich müssen die Schwierigkeiten gelöst sein.

Überhaupt hat die Ingenieurkunst namens Ästhetik eine Vorliebe fürs Problem. Alle literarischen Texte gründen – fern davon, entspannt an Assoziationsketten zu schaukeln – auf ästhetischen Problematisierungen, auf In-Frage-Stellungen. Wer Einblick in den schöpferischen Prozeß nehmen möchte, der sollte diese Fragen rekonstruieren. Anton Tschechov schreibt in seinem Brief vom 27. Oktober 1888 an Suvorin: »Wenn Sie vom Künstler ein bewußtes Verhältnis zu seiner Arbeit verlangen, so haben Sie recht, aber Sie verwechseln zwei Begriffe: *die Lösung der Frage* und *die richtige Stellung der Frage*. Nur zum zweiten ist der Künstler verpflichtet. In ›Anna Karenina‹ und im ›Onegin‹ wird keine Frage gelöst, aber beide befriedigen Sie völlig, nur weil in ihnen alle Fragen richtig gestellt sind.«

Vielleicht stellen »Anna Karenina« und »Eugen Onegin«, ähnlich wie Philosophie, Ethik und Religion, die Frage nach dem rechten Leben, einem Leben im Kontext von Unglück, aber geben, anders als diese, keine verbindliche Weisung.

Jeder Text beantwortet seine eigentümliche ästhetische Frage; wenn er diese mit anderen Werken derselben oder anderer Epochen teilt, gibt er doch eine immer spezifische Antwort. Was soll also in diesem Bezirk wer von wem lernen? Wer sitzt in der Schule der Autoren, wer lehrt, wer lernt, wo ist die Schule?

Was mir vorschwebte, ist das Bild einer Schule Wale. Ein freies Spiel von großen Tieren, die gemeinsam in einem abgründigen Ozean unterwegs sind, immer auf der Suche nach Futter; die ihre Lieder singen, meist, um sich zu orientieren, manchmal aus Rivalität. Von solchen Meistern läßt sich lernen.

Diese Idee, die Nähe von Kollegen zu suchen und sich von ihrer Praxis unterrichten zu lassen, ist nicht neu. Schon der große Lehrmeister und Pegnitzschäfer Georg

Philipp Harsdörffer hat nicht nur den wundersamen »Poetischen Trichter« (in drei Teilen erschienen 1647, 1648, 1653), die »Teutsche Dicht- und Reimkunst / ohne Behuf der Lateinischen Sprache / in VI Stunden einzugießen«, sondern auch seine »Frauenzimmer Gesprechsspiele« in acht Bänden (1641–1649) vorgelegt und damit eine literarische Gesellschaftskultur begründet: Hier wird vorgeführt, wie in einer geselligen Runde die Gesprächsteilnehmer zu Beginn des Spiels Aufgaben zur Lösung oder Fragen zur Beantwortung gestellt bekommen. Da muß zum Beispiel für eine Geschichte eine treffliche Moral gefunden werden, oder für eine Moral Beispielgeschichten; oder es müssen Geschichten erzählt werden, in denen ein bestimmter Buchstabe nicht vorkommen darf. Zur Nachahmung empfohlen, denn Übung macht den Meister, »Zucht bringt Frucht«.

Dichtung läßt sich durch Imitation nicht nur der Natur, sondern auch der Dichtung erlernen: durch Kopie.

Hermann Burger, der schweizerdeutsche Autor, hat seine Schreiblehre als ein an Vorbildern orientiertes autodidaktisches Unternehmen in Erinnerung: »Als ich die ›Blechtrommel‹ las, ging ich dazu über, ganze Perioden abzuschreiben, indem ich das Grass'sche Satzschema übernahm und mit eigenen Ausdrücken füllte (...). Dasselbe machte ich mit Texten von Musil, Broch, Kafka und Thomas Mann.« (Burger: Die allmähliche Verfertigung der Idee beim Schreiben. Frankfurter Poetik-Vorlesung. Frankfurt am Main 1986, Seite 17)

Kopisten gelten nicht als besonders kreativ, sondern, wie Fälscher, als geübte Handwerker. Nun hat das Wort »Handwerk«, auf Literatur angewandt, neuerdings Karriere gemacht: Der Autor wird als Handwerker gewürdigt. Handwerk aber ließe sich erlernen. Thomas Mann lobt auf dem Klappentext des von Otto Schumann herausgegebenen Werks »Die Grundlagen und Techniken der Schreibkunst. Handbuch für Schriftsteller, Pädagogen, Germanisten, Redakteure und angehende Autoren«: Dieses »Handbuch für Schriftsteller und solche, die es wer-

Sinnbild.

Zucht bringt Frucht.

SOl der neubelaubte Reben
reiff' und helle Trauben geben/
muß man jhn/auf Berg und Thal/
hacken/düngen/und beschneiden:
ihn auch mit den falben Weiden
hefften an den Erdenpfal.
So besagte Wintzerzucht
bringt verlangte Freudenfrucht.
Sol die Rede/gleich dem Reben/
hönigsüsse Früchte geben/
muß der Wörter Maß und Zahl
sie verbinden/und bereiten/
nach der Sprache Gründen leiten
mit der Reimungreichen Wahl.
Solche kunstbeliebte Zucht
bringt der Lippen holde Frucht.

Zu

»Zucht bringt Frucht«
Aus: G. Ph. Harsdörffer: Poetischer Trichter.
Nürnberg 1648–1653.

Zuschrift
an der
Hochlöblichen
Fruchtbringenden Gesellschaft
sinnreichen und wolverdienten
Mitgenossen/
den Traumenden.

ALs unlangsten in Teutschliebender Gesellschaft vernünftig erwehnet wordē: die Teutsche Poeterey were sehr schwer zu erlernen; dieweil man nicht nur den Laut/ uñ das Maß der Syllben/ wie bey den Griechē und Lateinern/ beobachten müsse; sondern auch benebens verbunden sey/ den Abschnitt und den Reimschluß/ mit unverruckter Ordnung der Wörter/ in allen Zeilen/ genausichtig zu behalten: da hingegen in andern Sprachen kein Reimschluß/ und zuweilen kein den wollen, halte ich für eine sehr gute und fruchtbare verlegerische Idee. Bewußt hält das Werk sich an die praktisch-handwerkliche Seite des Schrifttums und weiß da so kundige und gescheite Winke, Weisungen und Ratschläge zu geben, daß ich an seinem Erfolg nicht zweifeln kann. Mein Urteil gründet sich auf Otto Schumanns pädagogischer Abhandlung über erzählende Prosa, die ich vortrefflich finde, und deren Anleitungen sehr oft aus dem Handwerklichen ins eigentlich Künstlerische reichen.« (Ausgabe Herrsching 1983)

Was mich seit langem fasziniert, ist dieser Aspekt des Handgewerkeltwordenseins, des Gemachtseins von Literatur. Meiner Begeisterung für das Handwerkliche der Poesie hat der russische Formalist Victor Šklovskij einen entscheidenden Impuls gegeben. Šklovskij schreibt in »Die Kunst als Verfahren« (1916):

»Je tiefer man in die Epoche eindringt, desto klarer wird einem, daß ein Dichter Bilder, die man für sein Eigentum gehalten hat, von anderen übernommen hat und sie fast unverändert verwendet. Die ganze Arbeit von dichterischen Schulen läuft hinaus auf das Anhäufen und Kundtun neuer Verfahren der Anordnung und Bearbeitung von Wortmaterialien, und zwar bei weitem mehr auf die Neu-ordnung als auf die Erfindung von Bildern.« (In: Jurij Striedter: Russischer Formalismus. München 1971, Seite 5)

Ein Kunstwerk wäre mithin weniger das Produkt eines Geniestreichs als seiner technischen Verfahren.

Burger hat sich ganz in diesem Sinne gefragt: »Nicht ob Form und Inhalt zur Deckung kommen, interessierte mich primär, sondern: wie macht er das? Wie bringt Frisch es fertig, die für schweizerische Verhältnisse große Stadt Zürich im ›Stiller‹ als elendes Provinzstädtchen erscheinen zu lassen? Mit pejorativen Diminutiven wie ›Flüßchen‹ für den recht ansehnlichen Limmat. Nicht was soll es bedeuten, sondern wie ist es konstruiert.« (Burger: Die allmähliche Verfertigung der Idee beim Schreiben, Seite 15f.)

Einsicht nehmen in den dichterischen Betrieb – die Möglichkeit dazu besteht, denn schließlich haben immer wieder Autoren in ihren Briefen und Gesprächen mit Kollegen gefachsimpelt und sich über ihre literarischen Vorgehensweisen ausgetauscht; es gibt Interviews, Tagebücher und von lebens- wie leseerfahrenen Praktikern verfaßte Poetiken, die, wenn man ihre Instruktionen auch nicht losgelöst von ihren zeitgenössischen Umfeldern betrachten darf, doch instruktiv geblieben sind.

Vielleicht verdutzen die vorgestellten Arbeitsweisen in ihrer Einfachheit. Thomas Pynchon, immerhin einer der bedeutendsten Autoren des 20. Jahrhunderts, bekennt im Vorwort zu seiner Sammlung früher Erzählungen, die unter dem Titel »Slow Learner« (»Spätzünder«, 1984) erschien, es sei »nur fair, auch den gewogensten Leser davor zu warnen, daß hier einige äußerst ermüdende Passagen auf ihn warten, jugendlich-unreif und sogar -kriminell. Wobei ich nur hoffen kann, daß diese Erzählungen, so prätentiös, töricht und unausgegoren sie hin und wieder sein mögen, sich mit allen ihren Mängeln als Demonstrationsobjekte für typische Schwierigkeiten in der Anfängerklasse des Schreibens nützlich machen und jungen Autoren zur Warnung vor einigen Unarten dienen, die sie selbst vielleicht lieber vermeiden.« (Thomas Pynchon: Spätzünder. Frühe Erzählungen. Reinbek bei Hamburg 1985, Seite 9f.)

Vielleicht werden die Leser auch feststellen, daß die Autoren, die man zu den größten zählt, ihre Größe nicht durch die Abwendung von bewährten Verfahren gewonnen haben, sondern durch deren souveräne Anwendung. Meister beherrschen Regeln und brechen sie nicht fahrlässig. Wo sie sie brechen (und das geschieht durchaus), tun sie dies wissentlich und zweckmäßig, auf einen kalkulierten Effekt hin bedacht.

Sicherlich gilt: Unterschiedliche Geschmäcker bezwecken andere Texte; unterschiedliche Texte erfordern entsprechende Verfahren. Ein Komödiant und Humorist muß sich um das ausgeklügelte Schreckensrepertoire eines Terroristen wie Stephen King nicht scheren; dem ernsthaften Horrorautor dagegen sieht man es nach, wenn er auf ironische Brechung seiner Darstellung verzichtet. Andererseits treten im Vergleich der Produktionstechniken immer wieder Ähnlichkeiten zutage, wie ein Text, seiner Intention gemäß, effektvoll zu gestalten sei. Beispielsweise kennen Humorist und Thrillerautor beide das Mittel der privilegierten Vorinformation des Lesers – der Leser weiß mehr als die Figur, weiß zum Beispiel, daß eine der agierenden Figuren nicht das ist, was sie zu sein scheint, sondern eine Maske trägt: Charleys Tante ist ein Mann; der freundliche Polizist im zweiten Teil des Terminators (»Judgement Day«, USA 1991; Regie: James Cameron) ist ein skrupelloser Roboter.

Was in dieser Schule unternommen werden kann, ist, wenn schon keine Universalgeschichte, so doch eine erste Typologie der literarischen Verfahrensweisen. Eine derartige Beleuchtung der Literatur in Schlaglichtern wird den Vorwurf ertragen müssen, vieles im Dunkeln zu lassen. Auch habe ich eine Vorauswahl getroffen, deren Mängel man beklagen kann. Ich habe mich auf einzelne Texte der realistisch orientierten Erzählliteratur der letzten zweihundert Jahre konzentriert und auf ihre fernen Vorfahren in der Antike dort, wo es hilfreich schien. Als erzählerische Texte habe ich Romane ebenso gelten lassen wie bestimmte dramatische Formen, Comics und Gedichte mit epischen Elementen. Figuren und ihre fiktionale Umwelt stehen im Mittelpunkt meiner Arbeit; Sprachexperimente, surrealistische wie dokumentarische Ansätze, Konkrete Poesie und die Lyrik überhaupt kommen zu kurz.

Ich möchte für diese Vorliebe den polnischen Lyriker Zbigniew Herbert als Paten reklamieren: »Gäbe es eine Schule der Literatur, müßte man in ihr vor allem die Beschreibung der Gegenstände üben und nicht die der Träume. (…) Man darf nicht aufhören zu glauben, daß wir die reale Welt ins Wort fassen, ihr Gerechtigkeit widerfahren lassen können.«

Meist habe ich mich, der Einfachheit und leichteren Verständigung halber, bemüht, solche Autoren als Verfahrenstechniker vorzustellen, auf deren Popularität man rechnen darf; habe sie allerdings hier und da von ihren Zeitgenossen entfernt und in die heuristisch-erhellende Nachbarschaft zu Kolleginnen und Kollegen aus ganz anderer Zeit gesetzt.

Es wäre schön, wenn diese Schule der Autoren zu hilfreichen und amüsanten Einsichten führen könnte, wie ein Text gemacht ist, nach welchem Regelwerk er funktioniert. Wer von diesen Einsichtnahmen eine Verringerung der Faszination befürchtet, die die Literatur weckt, wird auch meinen müssen, daß die Zuschauer eines Schachturniers um so gelangweilter sind, je mehr sie von den Spielregeln, den taktischen und strategischen Möglichkeiten der Stellungen und Züge verstehen. Natürlich ist das Gegenteil der Fall. Auch hier wie überall sieht nur, wer weiß. Warum also nicht auch ein Baedeker der Literatur? Inwieweit die hier aufgezeigten Verfahrenstechniken und Aspekte einsetzbar sind für den Betrieb eigener literarischer Kunstwerke, wird jeder Leser selbst entscheiden.

Man wird die Schule praktisch auf die Probe stellen können, schreibenderweise. Überhaupt ist das Texten ja, wie jede künstlerische Tätigkeit, (r)eine Übungssache: »Nulla dies sine linea«, sagte Paul Klee, »Kein Tag ohne Ziel«; und als Privatsekretär Rilke seinen Meister Rodin danach befragte, wie er es zu seiner Meisterschaft gebracht hätte, gab dieser zur Antwort: Immerzu arbeiten!

Schreiben hilft, schreiben ist ungefährlich, ganz im Gegenteil: Mein Professor, Uwe K. Ketelsen, Erforscher und Erbe der norddeutschen Frühaufklärung, konnte bei Gelegenheit noch den miserabelsten Autor der Literaturgeschichte mit dem Satz in Schutz nehmen: »Ein jeder, der schreibt, ist zu loben; er könnte Schlimmeres tun.«

I
Beginnen

In medias res

Wem aller Anfang schwerfällt, sagt Horaz, der soll den Anfang meiden. Beginnen wir also mit einem Schluß:

Die junge Sängerin Willie Scott, glitzernder Mittelpunkt einer Revue, beendet gerade ihre Version von Cole Porters »Anything Goes«, als Dr. Jones, der Titelheld des Filmes, den Shanghaier Nachtclub betritt. Dieser Film, »The Temple of Doom« (Indiana Jones und der Tempel des Todes, USA 1983; Regie: Steven Spielberg), ist noch keine zwei Minuten alt, da hat der Archäologe Jones schon ein komplettes Abenteuer hinter sich. Auch Willie Scott hat's gerade geschafft, man applaudiert begeistert. Sie trägt ein rotes Pariser Kleid, ihr Haar ist blond, ihr Lächeln weiß, und dies alles kontrastiert aufs schönste mit der konservativ gedeckten Abendgarderobe des zwielichtigen Herrenclubs, der an seinem runden Tisch auf den abenteuerlichen Archäologieprofessor wartet. Jones setzt sich, nickt, ja, es ist ihm tatsächlich gelungen, den Nura Chi zu beschaffen, eine uralte Plastik, hinter der der Gangster Lao und seine Familie schon seit Generationen her sind. Man tauscht. Jones gibt den Nura Chi, Lao ein Säckchen mit einem riesigen Diamanten, dazu ein Schälchen Schaumwein. Jones trinkt, Lao amüsiert sich, denn der Champagner war vergiftet. Gegengift wäre wohl zu haben, kostet aber den riesigen Diamanten. Schon rutscht die blaue Phiole mit dem Antidot über den spiegelglatten Boden, Jones hinterher, Willie ebenso; überhaupt ist alles ins Rutschen gekommen, Feuer aus Maschinengewehren, Panik, und die Kapelle spielt »Anything Goes«.

Verzichtet auf Einführungen, begebt euch gleich in medias res. Diese Strategie empfiehlt der Autor und Literaturkritiker Quintus Horatius Flaccus in seinem Brief über die Dichtkunst, den er gegen Ende des ersten vorchristlichen Jahrhunderts an die Pisonen schreibt. Zu loben sei ein

Dichter wie Homer, der große Geradeausmeister: »Immer eilt er zum Ziel und mitten hinein ins Geschehen.« (»Semper ad eventum festinat et in medias res«; Flaccus: Ars Poetica / Die Dichtkunst. Stuttgart 1984, Vers 148) Große Ankündigungen nämlich laufen Gefahr, den, der sie macht, der Lächerlichkeit preiszugeben: »Gebirge gebären, heraus kommt ein komisches Mäuschen.« (»Parturient montes, nascetur ridiculus mus«; Vers 139) Auch in den Jahren zwischen Horaz und Indiana Jones wird von der Technik Gebrauch gemacht, ohne erzählerische Vorbereitung – ohne Exposition – in die Geschichte zu springen:

> »Was ist das. – Was – ist das …«
> »Je, den Düwel ook, c'est la question, ma très chère demoiselle!«

Mit diesen zunächst gesichtslosen Stimmen beginnen die »Buddenbrooks«(1901) von Thomas Mann. Die Identität der Sprecher wird gleich im Anschluß geklärt – es sind die achtjährige Antonie und ihr Großvater Johann Buddenbrook –, die näheren und weiteren Umstände werden nachgetragen. Die Geschichte aber ist nicht allmählich ins Rollen gekommen, sondern mußte sich, wie die Räder eines landenden Flugzeuges, von Beginn an mit Höchstgeschwindigkeit drehen.

Wie aber läßt sich der Dreh- und Angelpunkt, der in Schwung bringt, lokalisieren? Schon die ältesten uns bekannten Poetiken wie der Versuch des Aristoteles (384–322 v. Chr.) »Über die Dichtkunst« (»Peri Poietikes«) stellen fest, daß die Geschichte ein Ganzes sein muß, eine Einheit von aufeinander bezogenen Teilen. Dichtung, könnte man mit einer Minimaldefinition sagen, sind aneinander fixierte Bedeutungsgeflechte, oder, wie Friedrich Hölderlin diesen Prozeß der Verfestigung von Wortkombinationsmöglichkeiten beschreibt: »Was bleibet aber, stiften die Dichter.« (Hölderlin: Sämtliche Werke und Briefe. Band 1. München 1981, Seite 390)

Aristoteles sagt: »Ein Ganzes (holon) ist, was Anfang, Mitte und Ende hat. Ein Anfang (arche) ist, was selbst nicht mit Notwendigkeit auf etwas anderes folgt, nach dem jedoch natürlicherweise etwas anderes eintritt oder entsteht. Ein Ende (teleuten) ist umgekehrt, was selbst natürlicherweise auf etwas anderes folgt, und zwar notwendigerweise oder in der Regel, während nach ihm nichts anderes mehr eintritt. Eine Mitte (meson) ist, was sowohl selbst auf ein anderes folgt als auch etwas anderes nach sich zieht.« (Aristoteles: Poetik. Stuttgart 1994, Seite 24f.)

Idealtypisch zeigt sich diese Dreiteilung in jeder Biographie mit ihren Eckdaten Geburt und Tod und der gestaltbaren (Lebens-) Mitte. Am Beispiel des Generationenromans »Buddenbrooks«: Am Anfang stünde die Gründung des Hauses beziehungsweise die Geburt des Stammvaters der Dynastie, Johann Buddenbrook; die Mitte läge im Übergang von der zweiten (Christian) zur dritten Generation (Thomas, Christian und Antonie); das Ende käme mit der vierten Generation (Hanno Buddenbrook). Tatsächlich hat Thomas Mann das erzählerische Gewicht stark auf die dritte und vierte Generation gelegt, das erste Wort des Romans gehört einem Mitglied der dritten Generation: in medias res, mit einer leichten Orientierung auf den Ausgang hin.

Häufig suchen Erzähler die Mitte im Wendepunkt der Biographie ihrer Zentralfigur. Schon Dante Alighieri (1265–1321) setzt mit dem Beginn seiner (von Bewunderern »göttlich« genannten) »Komödie« eine Tradition fort, nach der des Lebens Mitte zum Ansatz- und Ausgangspunkt des erzählenswerten Teils einer Lebensgeschichte wird. Die ersten Verse des Ersten Gesangs lauten:

> »Als unsres Lebens Mitte ich erklommen,
> Befand ich mich in einem dunklen Wald«

> (»Nel mezzo del cammin di nostra vita
> Mi ritrovai per una selva oscura«).

Was klassisch-mittelalterliche Literatur dem finsteren Wald an Desorientierungskompetenz zuspricht, findet der pragerdeutsche Autor Franz Kafka im kleinbürgerlichen

Bett, in dem seine Figuren zu ungeheueren Ungeziefern verwandelt oder aus dem heraus sie plötzlich verhaftet werden:

»Jemand mußte Josef K. verleumdet haben, denn ohne daß er etwas Böses getan hätte, wurde er eines Morgens verhaftet. Die Köchin der Frau Grubach, seiner Zimmervermieterin, die ihm jeden Tag gegen acht Uhr früh das Frühstück brachte, kam diesmal nicht. Das war noch niemals geschehen. K. wartete noch ein Weilchen, sah von seinem Kopfkissen aus die alte Frau, die ihm gegenüber wohnte und die ihn mit einer an ihr ganz ungewöhnlichen Neugierde beobachtete, dann aber, gleichzeitig befremdet und hungrig, läutete er. Sofort klopfte es und ein Mann, den er in dieser Wohnung noch niemals gesehen hatte, trat ein.«

(Der Prozeß, 1914/15)

Hier wird in jeder Zeile Beginn signalisiert. Dinge sind plötzlich nicht mehr so, wie sie waren, passieren zum ersten Mal und außerhalb jeder Gewohnheit, in jedem Detail unvermittelt und unvorbereitet; ein aristotelischer Anfang in der Lebensmitte: Josef K., die Zentralfigur des Romans, ist etwa dreißig Jahre alt.

Angekommen in der Mitte der Dinge – wie weiter?

Der Horazsche Leitsatz – »Immer eilt er zum Ziel und mitten hinein ins Geschehen« – verfolgt noch eine zweite, zielgerichtete Tendenz: Eine Geschichte möge sich auf ein Ziel zubewegen, und sie möge dies mit großer Geschwindigkeit tun.

Ziele eignen sich besonders dazu, Geschichten zu starten. Helden vom Schlage eines Indiana Jones, seines Vorläufers James Bond oder jenes Mr. Phelbs, der seit Jahrzehnten seine »Mission: Impossible« erfüllt, werden von ihrem Ziel angetrieben: einem miesen Diktator das Handwerk zu legen, einen Gral zu finden, eine Welt zu retten. In bescheideneren Dimensionen gehören auch alle Kommissare, Privat- und Hobbydetektive in diese Kategorie. Kriminalromane stellen, so gesehen, ein aktuelles Ideal für den von Horaz propagierten Erzähltypus dar. Nirgends wird das Handlungsziel ausdrücklicher festgelegt als in dieser Gattung; nirgends ist es, was den Handlungsfortschritt betrifft, von größerer Zug- oder Triebkraft.

Um den Eindruck von Getriebensein, von immer höherer Geschwindigkeit noch zu verstärken, läßt sich die Figur auch motorisch beschleunigen. Josef K., dem von Kafka der Prozeß (lat. für »Fortschreiten, Fortgang, Verlauf«) gemacht wird, eilt am Ende sogar seiner eigenen Hinrichtung entgegen und reißt dabei, an allen möglichen Rettungen vorbei, noch seine Henker mit:

»Die Herren stockten, der Polizeimann schien schon den Mund zu öffnen, da zog K. mit Macht die Herren vorwärts. Öfters drehte er sich vorsichtig um, ob der Polizeimann nicht folgte; als sie aber eine Ecke zwischen sich und dem Polizeimann hatten, fing K. zu laufen an, die Herren mußten trotz großer Atemnot auch mit laufen.

So kamen sie rasch aus der Stadt hinaus«, und die Exekution kann ungestört vonstatten gehen. (Franz Kafka: Der Prozeß. Frankfurt am Main 1983, Seite 192f.)

Wo nicht pure Geschwindigkeit für die nötige Eile zum Ziel sorgt, läßt sich ein Wettlauf inszenieren, eine Konkurrenz der Figuren, die allein deswegen schon zu Gegenspielern werden können, weil sie dasselbe Ziel verfolgen und es sich gegenseitig streitig machen. Wenn die Konkurrenten aber aus dem Feld geschlagen sind, hilft immer noch der Zwang, eine bestimmte Handlung vor einem bestimmten Zeitpunkt auszuführen, das erzählerische Ultimatum, der Wettlauf gegen die Uhr. Der Held muß sich wie jener Damon in Friedrich Schillers »Bürgschaft« (1798) rechtzeitig vor Sonnenuntergang bei Dionys, dem Tyrannen, zurückgemeldet haben, um den Freund und Delinquentenplatzhalter vor der Kreuzigung zu bewahren. Damon sollte seinen Versuch, den Tyrannen zu ermorden, mit dem Leben büßen, hatte aber um eine dreitägige Frist gebeten, innerhalb derer er seine Schwester verheiraten wollte. Der Tyrann gewährt die Bitte unter der Bedingung, daß Damons Freund für diesen bürgt und im Falle, daß Damon nicht pünktlich zu seiner eigenen Hinrichtung eintrifft, an seiner Stelle stirbt. Oder es muß dem Helden wie Jules Vernes Mr. Phileas Fogg gelingen, spätestens »In 80 Tagen um die Welt« (1874) gereist zu sein, wenn er seine Wette nicht verlieren will. Er schafft es, bekanntlich, knapp.

Im Western »High Noon« (12 Uhr mittags, USA 1952; Regie: Fred Zinnemann) gibt der Handlungstermin sogar den Titel, und die eingeblendete Uhr sorgt für den dramatischen Zeitdruck: Um 12 Uhr mittags seines letzten Amtstages wird Sheriff Will Kane den Banditen gegenübertreten müssen, die sich an ihm rächen wollen. Bis dahin hat er Zeit, Helfer zu werben, was ihm mißlingt. Die immer wieder eingeblendete Uhr vergegenständlicht den wachsenden Zeitdruck, den das unaufhaltsam sich nähernde Ende ausübt: semper ad eventum festinat.

Eine Flucht ist unter diesem Gesichtspunkt nichts anderes als ein seitenverkehrt gespiegeltes Ziel. Flüchtende Figuren versuchen einer Gefahr, die auf sie zustürzt, zu entkommen. Gefährlich werden können Naturereignisse (Stürme, Feuer, Vulkanausbrüche) oder Verfolger: Menschen, Tiere und – seit es Roboter, Androiden oder den Terminator gibt – Maschinen. Der Exodus des Hauses Israel vor den hinterherjagenden Truppen des Pharao ist die prototypische Fluchtgeschichte, die von der US-amerikanischen TV-Serie um jenen Dr. Richard Kimble, der sich, wie es im Titel heißt, immer auf der Flucht befindet, ins unendliche verlängert wird.

Franz Kafka beweist mit seiner Fabel »Der Bau« (1923/24), daß die Fluchtbewegung selbst dort erzählerische Triebkraft freisetzt, wo der Verfolger bloß in der Einbildung des Verfolgten existiert.

Semper ad eventus festinat et in medias res – dieses Prinzipien-Paar sorgt sowohl für den Eindruck zügigen Erzählens als auch für eine erste grundlegende literarische Wirtschaftlichkeit: Diejenigen Elemente, die die Geschichte nicht vorantreiben, können identifiziert und als unnötiger Ballast über Bord geworfen werden. So verbirgt sich in der Wortkargheit des handwerklich argumentierenden Horaz ein anti-barockes, vor Überfrachtung warnendes Schönheitsideal, dem man mit Gewinn folgen kann, aber nicht muß: Anything goes.

Der erste Satz

Am 18. August 1880 schreibt Theodor Fontane in einem Brief an Gustav Karpeles:

»Das erste Kapitel ist immer die Hauptsache und in dem ersten Kapitel die erste Seite, beinahe die erste Zeile. Die kleinen Pensionsmädchen haben gar so unrecht nicht, wenn sie bei Briefen oder Aufsätzen alle Heilgen anrufen: ›wenn ich nur erst den Anfang hätte!‹.«

Vielleicht dürfen wir also in der Art der Pensionsmädchen nachlesen, was in heiligen Dimensionen zum ersten Satz zu lernen wäre:

»Im Anfang schuf Gott Himmel und Erde; die Erde aber war wüst und leer, Finsternis lag über der Urflut, und Gottes Geist schwebte über dem Wasser.« (Genesis 1, 1–2)

So grundsätzlich beginnt eine der ersten großen Erzählungen. Der erste Satz erscheint wie eine Schöpfung aus dem Nichts, er scheidet mit seinen Worten die Zeit außerhalb des Textes von der nun in Gang kommenden Eigenzeit des Textes ab, ist Grenze und Grundlage zugleich. Schon die nächsten Verse des Alten Testamentes belehren den Leser, daß sich auch die Weltenschöpfung einem Sprechakt verdankt:

»Gott sprach: Es werde Licht. Und es ward Licht. Gott sah, daß das Licht gut war. Gott schied das Licht von der Finsternis, und Gott nannte das Licht Tag, und die Finsternis nannte er Nacht.« (Genesis 1, 3–5)

Die Welt wird durch Sprache zur Wirklichkeit gebracht. Alle folgenden Autoren befinden sich daher in der Situation, mit ihren ersten Sätzen eine Separatschöpfung einzuleiten, die irgendwann im Lauf der Zeit, nicht aber zu deren Anbeginn, einsetzt. Fiktionale Literatur erfindet die Zeit und die Geschichte nicht neu, sondern schert aus ihr aus; die dafür zuständige Weiche ist der erste Satz.

Alle Separatgeschichten haben also eine Vorgeschichte, einen vom ersten Satz häufig notierten geschichtlichen und erzählerischen Stauraum.

»Mein Vater war ein Kaufmann«, beginnt Adalbert Stifter seinen Roman »Der Nachsommer«(1857); das Erzähler-Ich steht zwar am Anfang (»Mein«), doch weist es mit seinem ersten Satz in die familiäre Vergangenheit. Peter Weiss leitet seinen Roman »Die Ästhetik des Widerstands« (1975) mit dem Satz ein: »Rings um uns hoben sich die Leiber aus dem Stein, zusammengedrängt zu Gruppen, ineinander verschlungen oder zu Fragmenten zersprengt, mit einem Torso, einem aufgestützten Arm, einer geborstenen Hüfte, einem verschorften Brocken ihre Gestalt andeutend, immer in den Gebärden des Kampfes, ausweichend, zurückschnellend, angreifend, sich deckend, hochgestreckt oder gekrümmt, hier und da ausgelöscht, doch noch mit einem freistehenden Fuß, einem gedrehten Rücken, der Kontur einer Wade eingespannt in eine einzige gemeinsame Bewegung.« Das kollektive »Wir« ist von Stein gewordener Vorgeschichte umgeben. Max Frisch eröffnet seinen »Stiller« (1954) mit dem Statement der Titelfigur »Ich bin nicht Stiller« – ein Satz, der an ein vorgelebtes Leben anknüpft, wenn auch im Widerspruch. Übrigens auch ein Satz, der dem beinahe fertigen Manuskript erst gegen Ende der Arbeit vorgeschaltet wird.

Wahrscheinlich wird man an den meisten ersten Sätzen die Janusfunktion aufweisen können, einerseits die zu erzählende Geschichte in Gang zu setzen, prospektiv zu sein, zugleich aber diese Geschichte auf ein vergangenheitsgesättigtes Fundament zu stellen, das zu Retrospektiven taugt. Unter Umständen kommt jedem ersten Satz diese Eigenschaft sogar kraft seiner Funktion als Initiant zu, und es ließe sich bei jedem beliebigen Satz, den man als Anfang setzt, dessen geschichtliche Dimension ausloten.

PS:

Wem der erste Satz unüberwindliche Mühe macht, dem sei ein Trick empfohlen, den Hans Conrad Zander einmal verraten hat. Zander, ehemaliger Dominikaner-Mönch, Reisereporter für den »Stern« und Egon-Erwin-Kisch-Preisträger, rät: »Wer Schwierigkeiten mit einem ersten Satz hat, der soll zunächst den letzten schreiben, und daraufhin genau jenen Satz, den man braucht, um diesen letzten Satz zu verstehen; danach einen vorvorletzten, der die Grundlage für den vorletzten erklärt, und so immer weiter zurück bis zum Beginn.«

II
Figuren

Charakter und Schicksal

Am 28. November 1796 schreibt Friedrich Schiller über seine Arbeit am »Wallenstein« in einem Brief an Goethe:

»Es will mir ganz gut gelingen, meinen Stoff außer mir zu halten und nur den Gegenstand zu geben. Beinahe möchte ich sagen, das Sujet interessiert mich gar nicht, und ich habe solche Kälte für meinen Gegenstand mit einer solchen Wärme für die Arbeit in mir vereinigt. Den Hauptcharakter so wie die beiden Nebencharaktere traktiere ich wirklich bis jetzt mit der reinen Liebe des Künstlers; bloß für den nächsten nach dem Hauptcharakter, den jungen Piccolomini, bin ich durch meine eigene Zuneigung interessiert, wobei das Ganze übrigens eher gewinnen als verlieren soll.

Was die dramatische Handlung, als die Hauptsache, anbetrifft, so will mir der wahrhaft undankbare und unpoetische Stoff freilich noch nicht ganz parieren, es sind noch Lücken im Gange, und manches will sich gar nicht in die enge Grenze einer Tragödien-Ökonomie herein begeben. Auch ist das Proton-Pseudos in der Katastrophe, wodurch sie für eine tragische Entwicklung so ungeschickt ist, noch nicht ganz überwunden. Das eigentliche Schicksal tut noch zu wenig, und der eigne Fehler des Helden noch zu viel zu seinem Unglück. Mich tröstet hier nur einigermaßen das Beispiel des Macbeth, wo das Schicksal weit weniger schuld hat als der Mensch, daß er zugrunde geht.

Doch von diesen und andern Haken mündlich.«

Das dramatische Gedicht »Wallenstein«, dessen drei Teile »Wallensteins Lager«, »Die Piccolomini« und »Wallensteins Tod« zwischen 1798 und 1799 in Weimar uraufgeführt wurden, steht heute noch auf dem Spielplan vieler Bühnen, oft aber schneidet der Regisseur die Liebeshandlung um Max und Thekla aus. Schiller hatte sich um die Objektivität der Darstellung aller Figuren bemüht, einzig das junge Paar wurde aus dieser poetischen Operation ausgeklammert, hier blieb der Dichter »durch (seine) Zuneigung interessiert«. Uns zieht heute weniger der junge Mann, mit dem der Autor sympathisierte, als vielmehr der technisch ausbalancierte Charakter an. »Charakter« heißt im Griechischen ursprünglich »eingebranntes, eingeprägtes (Schrift-)Zeichen«, die Bedeutung wurde dann – allerdings schon im griechischen Kulturkreis – auf die in die Seele »eingeprägten« Eigenschaften übertragen; seit dem 17. Jahrhundert bedeutet »Charakter« auch im westlichen Europa die dem Menschen eingeprägte innere Form.

Schiller unternimmt es nun offenbar, das Geschehen nicht allein aus dem Charakter zu entwickeln, sondern dem Charakter seines Protagonisten Wallenstein ein Prinzip entgegenzustellen, das gewissermaßen außerhalb der Macht des Helden liegt und wirkt; Schiller nennt es »das eigentliche Schicksal«.

Erst eine gewisse Parität zwischen den Eigenschaften, die in der Figur angelegt sind und diese zum Untergang führen, einerseits und den von außen über sie verhängten Ereignissen andererseits würde den Künstler Schiller befriedigen. Seine Sorge, es könnte ihm in diesem Fall nicht gelingen, das Gleichgewicht herzustellen, beschwichtigt er mit einem Blick auf Shakespeare. Dessen »Macbeth« (1606) zeichne sich auch durch überproportionale Charakterfehler aus, ohne daß es dieses tragische Stück verderbe.

Freilich müßte Schiller gerade im Hinblick auf sein Beispiel entgegengehalten werden, daß er das Schicksal, das Macbeth in der Gestalt dreier Hexen den entscheidenden Anstoß zu der ihm eigentümlichen Tat gibt, völlig außer acht läßt, wohl, weil er als aufgeklärter Mensch des 18. Jahrhunderts das von Shakespeare eingesetzte Trio nicht ernst nehmen kann, es als folkloristisches Einsprengsel betrachtet und dem Zeitgeschmack einer untergegangenen, im volkstümlichen Aberglauben befangenen Epoche zurechnet.

Tatsächlich aber läßt Shakespeare die drei Hexen demonstrativ unabhängig von jenem Macbeth agieren, als dessen Wahnvorstellung sie einem psychologisch geschulten Zeitalter erscheinen könnten. Mit den Hexen wird das Spiel eröffnet:

(Erster Aufzug, erste Szene: Eine Heide; Donner und Blitz. Drei Hexen treten auf)

Erste Hexe:	Wann kommen wir drei uns wieder entgegen,
	Im Blitz und Donner oder im Regen?
Zweite Hexe:	Wenn der Wirrwarr stille schweigt,
	Wer der Sieger ist, sich zeigt.
Dritte Hexe:	Das ist, eh der Tag sich neigt.
Erste Hexe:	Wo der Ort?
Zweite Hexe:	Die Heide dort.
Dritte Hexe:	Das wird Macbeth sein. Fort, fort!
Erste Hexe:	Grau Lieschen, ja! Ich komme!
Alle drei:	Unke ruft: geschwind –
	Schön ist häßlich, häßlich schön:
	Schwebt durch Dunst und Nebelhöhn!

Erst in der dritten Szene treffen die Hexen auf Macbeth und Banquo und prophezeien Macbeth sein künftiges Königtum, das er sich später durch das Attentat auf Duncan verschafft.

Shakespeare hatte den Stoff für dieses Stück, das etwa zweihundert Jahre vor Schillers Wallenstein-Trilogie entsteht, den »Chronicles of England, Scotlande and Irlande« von Raphael Holinshed entnommen, er hat die in der Realgeschichte fast zwei Jahrzehnte umspannenden Ereignisse auf zehn Wochen gerafft und ganz auf Macbeth konzentriert. Dabei entfernte er alle Umstände, die Macbeth' Handeln entschuldigen könnten: die historisch verbürgte Mittäterschaft Banquos, die Regierungsunfähigkeit Duncans, den Rechtsbruch, als dieser seinen Sohn zum Prinzen von Cumberland machte und nicht Macbeth, der einen rechtmäßigen Anspruch auf diesen Thron hatte.

Das im Stück hochkonzentrierte Eigenverschulden

Macbeth' wird durch die Hexen ausbalanciert, die in ihrem ersten Auftritt das Programm vorgeben:

»Schön ist häßlich, häßlich schön«
(Fair is foul, and foul is fair) –

die kosmische Ordnung verkehrt sich, kippt. Macbeth vollzieht die Perversion, stürzt die hergebrachten Werte und ihren Repräsentanten; doch die Hexen (mit Schillers Terminus: das Schicksal, das über Macbeth geworfene Los) geben ihm den Impuls zum Königsmord. Wie unverzichtbar diese dämonischen Gestalten sind, beweist sich im Versuch, auf die drei Hexen zu verzichten: Das Stück käme nicht in Gang.

Dies bekräftigt aber nur die Berechtigung der Schillerschen Sorge. Figuren entstehen nicht aus der Entfaltung der in ihnen angelegten charakterlichen Eigentümlichkeiten allein, sondern auch in der Auseinandersetzung mit äußeren Impulsen. Die Figur wird von außen provoziert und muß reagieren. Vielleicht ließe sich der Schillersche Fachbegriff des »eigentlichen Schicksals«, das als Äußeres auf die von innen angetriebene Figur wirkt, mit dem Ausdruck »provokatives Agens« übersetzen.

Figurenpassiv statt Figurenaktiv

Welchen Wirkungsbereich hat der äußere Impuls, der die Figuren zum Handeln treibt?

In Charles Spencer Chaplins Film »Modern Times« (Moderne Zeiten, USA 1936) gibt es eine Sequenz, in der Chaplin als Tramp an einem Fließband arbeitet. Die Bandgeschwindigkeit erhöht sich, der Tramp kommt mit dem Anziehen von Schraubenmuttern nicht mehr nach. Er legt sich, im Bemühen, seinen Rückstand aufzuholen, selbst auf das Band, und das Band trägt ihn ins Innere einer Maschine. So wird er verschlungen. Die Innereien der Maschine liegen offen vor den Augen der Zuschauer, und man sieht, wie der Tramp über riesige Zahnräder durch den Maschinenleib geschoben wird. Als er wieder ans Tageslicht der Fabrikhallen kommt, führt er einen Tanz auf. Chaplin ist immer ein großartiger Tänzer gewesen, dennoch wirkt dieser anschließende Tanz erdenschwerer als sein vorausgegangenes Gleiten durch die Innenwelt des Mechanismus.

Chaplin hatte mit dieser Szene ein altes Trauma aufgearbeitet. Als Kind war er einer Annonce gefolgt:

»Auf einem Zettel im Fenster stand ›Junge gesucht als Zugführer der Wharfdale-Presse‹. Als mich der Meister an die Maschine führte, ragte sie wie ein Ungeheuer vor mir auf. Um sie zu bedienen, mußte ich auf einer zwei Meter hohen Plattform stehen, wo ich mir vorkam, wie auf dem Eiffelturm (...). Er zeigte mir den Hebel und stellte das Untier auf halbe Geschwindigkeit. Es begann zu rollen, zu knurren und zu mahlen. Ich glaubte, es werde mich verschlingen. Die Papierbögen waren riesengroß, man hätte mich darin einwickeln können. Ich lockerte die Bögen mit einem Stab aus Elfenbein, hob sie an den Ecken an und hielt sie gewissenhaft dem Ungetüm vor die Zähne, damit es sie verschlinge. Das Ungeheuer packte zu, verschluckte das Papier und stieß es hinten wieder aus. Am ersten Tag war ich dem Nervenzusammenbruch nahe, so sehr beeindruckte mich der Hunger des Untiers, den ich kaum zu stillen vermochte.« (Wolfram Tichy: Chaplin. Reinbek bei Hamburg 1974, Seite 95)

Das Zitat kann zunächst belegen, wieviel biographisches Material noch die scheinbar phantastischsten Szenen verarbeiten. Chaplin hatte als Kind einer Maschine gegenübergestanden, die er als lebendiges Wesen, als gefräßiges Monstrum wahrnahm. Diese Metapher wird im Film zur Realität.

Wenn der Tramp die Position der Papierbögen einnimmt, wird er zum Gegenstand der Maschine. Er bewegt sich nicht mehr selbst, sondern wird bewegt oder, mit den Worten des vorherigen Abschnitts: wird zum Spielball eines außer ihm liegenden Impulses. Die hier vor Augen geführte Anmut der Bewegung beziehungsweise des Bewegtseins läßt sich mit den Gedanken erklären, die Heinrich von Kleist 1810 in seinem Aufsatz »Über das Marionettentheater« ausgeführt hat. In diesem Essay berichtet Kleist von einem Gespräch, das er mit einem Tänzer geführt habe. Kleist habe den Tänzer angesprochen, weil er ihn mehrere Male in einem Marionettentheater gesehen habe. Dieser versicherte ihm nun, »daß ein Tänzer, der sich ausbilden wolle, mancherlei von ihnen (den Puppen) lernen könne. (...) Er fragte mich, ob ich nicht, in der Tat, einige Bewegungen der Puppen, besonders der kleineren, im Tanz sehr graziös gefunden hatte.

Diesen Umstand konnte ich nicht leugnen. (...)

Ich erkundigte mich nach dem Mechanismus der Figuren, und wie es möglich wäre, die einzelnen Glieder derselben und ihre Punkte, ohne Myriaden von Fäden an den Fingern zu haben, so zu regieren, als es der Rhythmus der Bewegungen, oder der Tanz, erfordere? Er antwortete, daß ich mir nicht vorstellen müsse, als ob jedes Glied einzeln, während der verschiedenen Momente des Tanzes, von dem Maschinisten gestellt und gezogen würde. Jede Bewegung, sagte er, hätte einen Schwerpunkt; es wäre genug, diesen, in dem Innern der Figur, zu regieren; die Glieder, welche nichts als Pendel wären, folgten, ohne irgendein Zutun, auf eine mechanische Weise von selbst.« (Heinrich von Kleist: Sämtliche Werke und Briefe. Band 2. München 1977, Seite 339)

Der Maschinist, wie Kleist den Marionettenspieler nennt, hätte also von außen Zugriff auf den Schwerpunkt seiner Figur, er kontrolliert sie dadurch und hebt sie scheinbar aus dem naturgesetzlichen Kontext hinaus: Die Puppen haben »den Vorteil, *antigrav* zu sein. Von der Trägheit der Materie, dieser dem Tanz entgegenstrebendsten

Aus: Modern Times (USA 1936)

aller Eigenschaften, wissen sie nichts: weil die Kraft, die sie in die Lüfte erhebt, größer ist als jene, die sie an die Erde fesselt. (...) Die Puppen brauchen den Boden nur, wie die Elfen, um ihn zu *streifen*, und den Schwung der Glieder, durch die augenblickliche Hemmung neu zu beleben.« (Seite 342)

Eine der Wirkungen von Figurenpassivität ist also die Faszination des Rezipienten durch die so erzeugte Anmut. Diese Faszination durch schwerelose Gestalten hält bis heute an. Man denke an Engel, asketische Levitation, an Filme, in denen Superman und seine flugfähige Verwandtschaft eine Rolle spielen oder das antigrave Ballett des Sf-Filmes »Matrix« (USA 1999; Regie: The Wachowski Brothers), in dem die Akteure übrigens tatsächlich an unsichtbaren Kabeln hängen, um die Wände hochzulaufen oder scheinbar schwerelos durch die Lüfte zu wirbeln.

Der nur von einem äußeren Impuls beherrschte Körper wirkt allerdings oft auch komisch. So kann der Transport von alkoholbetäubten Leibern ebenso für Gelächter sorgen wie der zur Feier von Miss Sophies 90. Geburtstag vom Kopf eines Bettvorleger-Tigers ins Stolpern gebrachte Diener James oder der auf einer Bananenschale ausrutschende distinguierte Herr. Freilich kommt hier weniger die Grazie zum Zuge als die Unfreiwilligkeit, die Fremdbestimmtheit der Bewegung.

Wenn Figuren realistisch gezeichnet sein sollen, müssen sie zwei Antrieben folgen: dem eigenen, inneren Antrieb auf der einen Seite – ihren Wünschen und Begierden, Ängsten und Abneigungen – sowie einem äußeren Antrieb auf der anderen, den man in aller Schärfe als Zwang bezeichnen könnte.

Sicherlich läßt sich Fremdbestimmtheit graduieren und sehr fein abstimmen. Äußere Motivation liegt vielleicht schon vor, wo die Figur einer Konvention oder Mode folgt, sich rollenkonform und typisch verhält, wo sie sich bewußt an Gesetzen orientiert oder eine Pflicht zu erfüllen sucht. Deutlicher wird die Möglichkeit der äußeren

Motivation dann, wenn sie als Gewalt erscheint und die Figur zum Opfer macht.

Die Schriftstellerin Anne Duden beginnt ihr Prosastück »Übergang« (1982) so:

»In der Nacht von Samstag auf Sonntag wurde in einer Diskothek in West-Berlin ein 25jähriger Mann von einer Gruppe schwarzer GIs zusammengeschlagen. Zuerst traf ihn eine Faust mit Schlagring im Gesicht, genau in dem Moment, als er eine Packung Zigaretten aus dem Automaten direkt neben der Toilettentür gezogen hatte und sich wieder aufrichtete.« (Anne Duden: Übergang. Berlin 1982, Seite 61)

Der junge Mann ist mit Freunden und seiner Schwester in der Diskothek. Sie versuchen zu fliehen, die Schwester wird schwer im Gesicht verletzt. Mögliche Motive der Täter bleiben außer Betracht, die Täter selbst treten nur als Masse auf, als Aggregat schlagender Fäuste. Es scheint, als wären die Idealgestalten, von denen die Klassiker geträumt und die sie sich als Eingeborene im Reich der Freiheit vorgestellt hatten, von rundum dunklen Schreckensfiguren vertrieben worden. Mußte Schiller im Hinblick auf seine Hauptfigur noch befürchten, ihr Übermaß an freiem Willen, an Schuld eben, könnte seine Tragödie aus dem Gleichgewicht bringen, ist die Hauptfigur bei Anne Duden eine ganz durch Außeneinwirkung bestimmte Gestalt, deren Wille zu Beginn der Erzählung marginalisiert, wenn nicht gebrochen wird. Figuren sind, das bleibt klar, Zusammenstellungen von Buchstaben, Wörtern und Sätzen, keine lebenden Wesen. Allerdings werden – wenigstens gilt das für die Mehrzahl der Fälle – diese Kombinationen mit der Absicht hergestellt, Menschen abzubilden, zu imitieren. Daher kann es zu einem Qualitätsmerkmal werden, wie vielschichtig diese Figuren aufgebaut sind. Technisch, das heißt literarisch sind Figuren möglich, die nichts sind als ihre eigene Mitteilung, intelligible, autonome Geisteswesen, die im Redefluß entstehen und sich um keine Außenwelt kümmern müssen. Daß dies nicht einmal das Ziel des klassischen Dramatikers Schiller war, beweist seine Sorge um ein Schicksalsdefizit bei Wallenstein. Anne Duden zeigt, wie nah der fremde Impuls der Figur rücken kann: bis auf den Leib nämlich, denn dieser reicht in die Außenwelt. Pointiert gesagt: Während der Charakter mit dem provokativen Agens in Konflikt liegen und sich in diesem Konflikt artikulieren, äußern kann, gewinnt die Figur ihre Leibhaftigkeit erst durch den äußeren Impuls.

Wie jedes grammatische Subjekt kann die Figur im Aktiv und im Passiv stehen. Die passive Figur, die Figur also, auf die von außen zugegriffen wird, ist für alle Spielarten offen: Sie spielt den anmutig bewegten Körper, das humoristische Fallbeispiel für die Wirkung der Schwerkraft oder den durch Alter, Krankheit und Gewalt leidenden, verletzlichen Leib.

Geheimnisse verbinden – der diskrete Autor

Literarische Figuren stehen nicht nur untereinander in Beziehung, sondern unterhalten auch ein besonderes Verhältnis zu ihren Urhebern.

Im Zuge der Recherche für sein Buch »De l'Intelligence« schrieb der französische Autor Hippolyte Taine 1866 in einem Brief an Gustave Flaubert:

»Ich brauche besondere und hypertrophierte Fälle für dieses Thema der Einbildungskraft und der Vorstellungen. Ich hole mir verschiedene Auskünfte bei hypertrophisch Veranlagten, zu denen Sie gehören.« Taines Fragen lauteten zusammengefaßt:

»1. Wenn es Ihnen gelungen ist, sich eine Landschaft, eine Person, die Figur und das Gesicht Emmas, das Gewimmel in der Beilschlucht genauestens vorzustellen, gibt es dann Augenblicke, in denen die intensivste Vorstellung von Ihnen mit dem wirklichen Objekt verwechselt werden kann? (...)

2. Ist es Ihnen passiert, daß Sie, nachdem Sie sich eine Person oder einen Ort lange mit Intensität vorgestellt haben, davon wie von einer Halluzination besessen sind, so daß die Person sich von selbst wieder bildet und sich im Gesichtsfeld abhebt?

3. Wenn Sie sich im gewöhnlichen Zustand an eine Wand, einen Baum oder ein Gesicht erinnern, die Sie betrachtet haben, sehen Sie dann mit Schärfe die Ungleichmäßigkeiten, die Oberfläche mit ihren Unebenheiten voll und lückenlos wieder vor sich? Oder aber nehmen Sie nur einfach eine bestimmte Bewegung, eine bestimmte Ecke, einen Lichteffekt wahr, kurz ein paar Einzelheiten, aber nicht mehr?

4. Sie kennen sicher die intensiven aber ruhigen Bilder und die wohltuenden Halluzinationen, die dem Schlaf vorausgehen. Wenn man nach dem Essen oder beim Stochern im Feuer einschläft, kann man sie leicht wahrnehmen, denn es bleibt noch genügend Bewußtsein. Unterscheidet sich die Intuition oder das künstlerische und dichterische Bild des Romanciers, so wie Sie sie kennengelernt haben, stark davon durch ihre Intensität? Oder liegt der Unterschied einfach darin, daß diese Bilder oder Halluzinationen, die auf der Schwelle des Schlafes auftreten, ungeordnet und nicht willentlich sind?« (Zitiert nach den Anmerkungen in: Gustave Flaubert: Briefe. Hg.: Helmut Scheffel. Stuttgart 1964, Seite 761f.)

Flaubert antwortete Ende November 1866:

»1. Ja *immer*. Das Bild, an dem ich interessiert bin, ist für mich ebenso wahr wie die objektive Realität, – und was mir von der Wirklichkeit geliefert worden ist, unterscheidet sich für mich schon nach sehr kurzer Zeit nicht mehr von den Verschönerungen der Modifizierungen, die ich vorgenommen habe.

2. Die imaginären Personen erschrecken mich, verfolgen mich – oder besser gesagt, ich stecke in ihrer Haut. Als ich die Vergiftung von Madame Bovary beschrieben habe, hatte ich den Geschmack des Arseniks so deutlich im Mund und war ich selbst so davon vergiftet, daß ich nacheinander zwei Magenverstimmungen bekommen habe – zwei tatsächliche Störungen, denn ich habe mein ganzes Abendessen gebrochen.

Es gibt zahlreiche Einzelheiten, die ich nicht aufschreibe. So war für mich Herr Homais leicht pockennarbig. – In dem Abschnitt, den ich augenblicklich schreibe, *sehe* ich ein ganzes Mobiliar (einschließlich der Flecken auf den Möbeln), von dem kein einziges Wort gesagt wird.

Die dritte Frage ist schwieriger zu beantworten. Ich glaube, daß im allgemeinen (…) die Erinnerung idealisiert, das heißt auswählt. Aber vielleicht idealisiert das Auge auch? Beobachten Sie unser Erstaunen angesichts eines photographischen Abzugs. Es ist nie *das,* was man gesehen hat.

Die künstlerische Intuition ähnelt tatsächlich den hypnagogen Halluzinationen – durch ihr *flüchtiges* Wesen –, das gleitet vor den Augen vorüber –, und in diesem Augenblick muß man sich gierig darauf werfen.

Doch oft entsteht auch das künstlerische Bild langsam – Stück für Stück – wie die verschiedenen Teile eines Dekors, das man aufbaut.

Im übrigen dürfen Sie die innere Vision des Künstlers nicht mit der des wirklich halluzinierenden Menschen gleichsetzen. Ich kenne beide Zustände genau. Zwischen ihnen liegt ein Abgrund.« (Seite 506f.)

Autor und Figur sind wie durch kommunizierende Röhren miteinander verbunden, wenn das, was die Figur erleidet, allerdings in depotenzierter Form den Vater des Gedankens befällt. Immerhin böte Flauberts Hinweis auf seine Pseudo-Arsenik-Vergiftung eine Antwort auf die während jeder Dichterlesung einmal gestellte Frage, ob der Autor das, was er erzählt, auch selbst erlebt habe: Ja, nachdem und weil er es erzählt hat.

Während die meisten Fragen Taines auf die Befindlichkeit des Künstlers eingehen, seine Einbildungskraft sozusagen im Leerlauf beobachten wollen, gibt Flaubert einen Hinweis auf sein literarisches Produktionsverfahren:

Für ihn, den Autor, sei die Figur Homais leicht pockennarbig gewesen, eine Einzelheit, die er nicht aufgeschrieben habe. Und im Augenblick sehe er ein ganzes Mobiliar, von dem kein einziges Wort gesagt wird.

Offenbar erklärt Flaubert hier sein Verfahren einer gezielten Informationszensur. Er stattet die Figuren in der eigenen Imagination mit mehr Details aus, als im Text explizit preisgegeben werden. Nun stellt eine – wenn auch dezente – Verunstaltung gerade des Gesichtes für einen Menschen zweifellos ein wesentliches Handikap dar, nichts, wovon er oder seine Mitmenschen ohne weiteres absehen. Das heißt, daß auch der Apotheker Homais, eine Gestalt in Flauberts Roman »Madame Bovary, Mœurs de province« (1856), in seinem Verhalten von dieser Zeichnung beeinflußt sein müßte.

»Madame Bovary« ist die Geschichte der romantischen Emma Bovary, die mit einem unbedeutenden Landarzt verheiratet ist und in der Gegend von Rouen lebt. Aus Langeweile begeht sie Ehebruch, bald darauf, verzweifelt und hochverschuldet, Selbstmord.

Der Apotheker Homais ist eine der zahlreichen Nebenfiguren des Romans, ein bis zur Lächerlichkeit fortschrittsgläubiger Mensch, der gerade durch seinen Fortschrittsglauben ein Desaster verursacht:

»Homais hatte kürzlich allerhand Rühmliches über eine neuartige Methode zur Heilung von Klumpfüßen gelesen, und da er ein Anhänger des Fortschritts war, kam er auf den lokalpatriotischen Gedanken, daß auch Yonville, *um auf der Höhe zu sein,* seine Strephopodie-Operation haben müsse.« (Gustave Flaubert: Madame Bovary. München 1980, Seite 226)

Homais inspiriert Emma, ihren Mann zu einer solchen Operation zu überreden. Charles Bovary operiert schließlich Hippolyte, einen geistig sehr schlichten Stallknecht, den Homais von den Vorteilen und der Gefahrlosigkeit des Eingriffes überzeugt hat.

Die Operation verschafft dem armen Menschen keine Erleichterung, sondern sorgt für sein Verderben. Es kommt zu einem Wundbrand, das Bein wird amputiert, und Charles Bovary »lauschte regungslos auf die letzten Schreie des Amputierten«.

Es ließe sich nun spekulieren, welche psychologische Funktion die dem Leser vorenthaltene leichte Vernarbung erfüllt: Vielleicht motiviert sie Homais zu einem übersteigerten Geltungsbedürfnis, das ihn in die Rolle eines Revolutionärs oder Avantgardisten drängt, vielleicht erweckt sie eine besondere Eitelkeit. Wie auch immer: Flaubert möchte dem Leser den Beweggrund seiner Figur nicht unmittelbar mitteilen, er steuert seine Figur nicht aus einer im Text offenbarten charakterlichen Mitte heraus, sondern führt sie aus einer außerhalb des Textes liegenden Position.

Von Flaubert weiß man, daß er zusätzlich zu seiner Imagination sehr gründlich recherchierte, viel zur Sache las und gegebenenfalls an die Orte reiste, an denen die Handlung seiner Romane spielen sollte.

»Ich lese Bücher über das häusliche Leben im Mittelalter und über das Waidwerk«, schrieb er zum Beispiel am 1. Juni 1956 an Louis Bouilhet. »Ich finde darin großartige und neue Details. (…) Was sagst Du zu einer ›Igelpastete‹ und einem ›Eichhörnchenbrei‹?« Wenn Madame Bovary den Apotheker Homais bittet, Taufpate ihrer Tochter zu werden, und dieser als Patengeschenke »lauter Gegenstände aus seinem Laden mit(bringt): sechs Schachteln Brustbeeren, ein ganzes Glas Rakahout, drei Büchsen Eibischpaste und obendrein noch sechs Stangen Kandiszucker« (Madame Bovary, Seite 121), so klingt dies weniger nach Inspiration als vielmehr nach angelesenen »großartigen Details«.

Flaubert arbeitet bewußt und reflektierend. Gegenüber Sainte-Beuve, der seinen Roman »Salammbô« kritisiert und diesen mit Chateaubriands »Les Martyrs« verglichen hatte, stellt er klar: »Nun scheint mir das System Chateaubriands dem meinigen diametral entgegengesetzt zu sein. Er ging von einem absolut idealistischen Gesichtspunkt aus, er träumte von *typisierten* Märtyrern. Ich dagegen wollte eine Fata Morgana fixieren, indem ich die Verfahren des modernen Romans auf die Antike anwandte.« (Brief Flauberts vom 23./24. Dezember 1862)

Anstelle von ›Idealismus‹ und ›Traum‹ also eine ›Anwendung von Verfahren‹.

Übrigens täuschte sich Flaubert, was seine Schilderung Homais' in »Madame Bovary« betrifft: Gleich zu Beginn des Zweiten Teils heißt es: »Ein Mann in grünen Lederpantoffeln, mit einem leicht pockennarbigen Gesicht, auf dem Kopf ein Samtkäppchen mit einer goldenen Troddel, wärmte sich am Kamin den Rücken. (...) Das war der Apotheker Homais.« (Seite 100)

Zwischen dem Erscheinen des Romans und dem Brief an Taine liegt ein Jahrzehnt. Zieht man in Betracht, wie er sich die Möblierung eines Raumes vorstellt und welchen absichtlich eingeschränkten Gebrauch er von dieser Vorstellung macht, dann läßt sich vermuten, daß Flaubert sich im Lauf der Zeit der Vorteile dieses Verfahrens bewußt geworden ist und er dessen Anwendung in seine schriftstellerische Vergangenheit projiziert.

Die vor dem Leser geheimgehaltenen Komponenten ermöglichen eine Figurenführung aus einem Schwerpunkt heraus, der außerhalb des Textes liegt; sie verschafft der Figur, ihren Aktionen und Verlautbarungen, eine spürbare Konsistenz, die mit den im Text vorgelegten Informationen nicht ganz deckungsgleich ist. Wenn nur der Autor ihr Geheimnis wahrt.

—

Maul halten & Stimmen hören

Stimmen verleihen ist eine wirklich große Kunst. Im Vorwort zu der Ausgabe seiner frühen Erzählungen unterzieht Thomas Pynchon seine ersten literarischen Versuche einer Revision. »Betrüblich« findet er dabei im Rückblick auf einige Szenen seiner ersten veröffentlichten Story, »Der kleine Regen« (1959), jeden »Fall von schlechtem Ohr (…). Mein Gefühl für regionale Akzente war damals bestenfalls rudimentär. Mir war aufgefallen, daß die Sprechweise beim Militär zu einem allamerikanischen Provinzidiom abgeschliffen wurde. Italienische Street-Kids aus New York klangen nach einiger Zeit genauso wie eingesessene Südstaatler; Seeleute aus Georgia kehrten vom Heimaturlaub zurück und beklagten sich, daß sie keiner mehr verstünde, weil sie wie Yankees sprächen. Da ich selbst aus dem Norden komme, hörte ich als ›südlichen Akzent‹, was in Wahrheit nicht viel mehr war als der uniformierte Akzent der Streitkräfte. (…) Mein spezielles Problem in der Kneipenszene besteht nicht nur darin, daß ich ein Mädchen aus Louisiana in – dazu noch ungenau – gehörten Ostvirginia-Diphthongen sprechen lasse, sondern daß ich, was schlimmer ist, daraus unbedingt ein Element der Handlung machen will.« (Thomas Pynchon: Spätzünder, Seite10f.)

Gelungener findet er da schon »Die heimliche Integration« (1964): »Ich hatte einen Roman veröffentlicht und glaubte, das eine oder andere zu wissen; vor allem aber scheint mir, daß ich es damals endlich schaffte, mein Maul zu halten und den amerikanischen Stimmen zuzuhören, die mich umgaben. Es gelang mir sogar, meinen Blick von den gedruckten Quellen loszureißen und auf die amerikanische Wirklichkeit zu richten, wie sie sich außerhalb der Buchdeckel abspielt. Ich war endlich *on the road,* kam selbst an die Orte, von denen Kerouac geschrieben hatte. Diese Städte und Greyhound-Stimmen und Flohkisten-Hotels haben ihren Weg in die Erzählung gefunden, und ich bin recht zufrieden damit, wie es sich verhält.« (Seite 32)

Jack Kerouac schrieb »On the Road« (entstanden 1951, veröffentlicht 1957; »Unterwegs«), nachdem er jahrelang als Gelegenheitsarbeiter durch die USA und Mexiko getrampt war. ›Auf der Straße‹ hatte er Geschichten aus dem Milieu der gesellschaftlichen Außenbezirke gesammelt und die Stimmen, von denen diese Geschichten erzählt wurden. Diese Stimmen läßt Kerouac ungeschminkt zu Wort kommen.

Schon Anton Tschechov hatte gefordert: »Der Künstler sollte nicht Richter seiner Personen und ihrer Gespräche sein, sondern nur ein leidenschaftsloser Zeuge. Ich hörte ein ungeordnetes, nicht klärendes Gespräch zweier russischer Menschen über den Pessimismus und muß dieses Gespräch in der Gestalt wiedergeben, wie ich es gehört habe, beurteilen werden es die Geschworenen, d.h. die Leser. Meine Sache ist nur, Talent zu haben, d.h. die Fähigkeit zu besitzen, die wichtigen Äußerungen von den unwichtigen zu unterscheiden, Figuren zu beleuchten und ihre Sprache zu sprechen.« (Brief an A. S. Suvorin vom 30. 5. 1888) An »Tatjana Repina«, einem Theaterstück, das sein Adressat verfaßt hatte, bemängelt er, »daß alle handelnden Personen ein und dieselbe Sprache sprechen«. In einem Brief an seinen Bruder Alexander Tschechov mahnt er: »Hüte dich vor allem vor dem Element des Persönlichen. Dein Stück wird dann nichts taugen, wenn alle handelnden Personen dir selbst ähneln. (...) Gibt es außer dir etwa kein Leben?! Und wer interessiert sich für mein und dein Leben, meine und deine Gedanken! Gib den Menschen Menschen, und nicht dich selbst.« (8. 5. 1889) Dabei sollte es keine sprachlichen Berührungsängste geben: Ein »Schriftsteller ist doch kein Konditor, kein Kosmetiker, kein Alleinunterhalter; (...) er ist verpflichtet, seinen Ekel davor niederzukämpfen, daß seine Vorstellung mit dem Schmutz des Lebens besudelt werden könnte (...). Er ist dasselbe wie ein Korrespondent. (...) Für Chemiker gibt es auf der Erde nichts Unreines. Der Schriftsteller muß genauso objektiv sein wie der Chemiker; er muß sich freimachen von der Subjektivität seines Alltags und wissen, daß die Misthaufen in der Landschaft eine sehr beachtliche Rolle spielen, und böse Leidenschaften dem Leben ebenso eigen sind wie gute.« (Brief vom 14. 1. 1887)

Der Misthaufen soll nicht sprachlich eingeebnet, die Stimme, auch wenn sie Gossensprache spricht, nicht im höheren Kunstton aufgehoben, sondern als eigene Stimme der Figur übertragen und so bewahrt werden.

Tschechov selbst hat von Anfang an diese Maxime erfüllt, wie sich ein Freund aus Moskau, Konstantin Korovin, erinnert: Als er einmal mit Tschechov spazierenging, stießen sie auf einen betrunkenen Studenten. Der Betrunkene begann sie zu beschimpfen; Tschechov zog sein Notizbuch heraus und notierte die Flüche und Verwünschungen (vergleiche Elsbeth Wolffheim: Anton Tschechov. Reinbek bei Hamburg 1982, 6. Auflage 1998, Seite 8).

Dieses Festhalten fremder Stimmen und ihr späterer Eintrag ins eigene Werk sind geläufige Verfahren. Selbst Kafka, den sich mancher Interpret als befangen in der Betrachtung innerer Traumwelten vorstellt, hatte für die Stimmen von draußen ein offenes Ohr. In seinem Brief an Max Brod vom 28. 8. 1904 berichtet er dem Freund: »Als ich an einem andern Tag nach einem kurzen Nachmittagsschlaf die Augen öffnete, meines Lebens noch nicht ganz sicher, hörte ich meine Mutter in natürlichem Ton vom Balkon hinunterfragen: ›Was machen Sie?‹ Eine Frau antwortete aus dem Garten: ›Ich jause im Grünen.‹« Dieselbe Passage erscheint in seiner Erzählung »Beschreibung eines Kampfes«.

Unsere Fenster führen heute nur noch selten auf gesprächige Gassen, und also unterhalten wir uns seltener durchs Fenster. Die Ersatzmedien Radio und Fernsehen lassen zweifellos weiter blicken, dies aber unter der Bedingung großer Einseitigkeit. Dennoch: Die täglichen Talkshows tun gute Dienste, das Stimmengewirr der Gegenwart hörbar zu machen. Themen wie »Ich führe ein Doppelleben«, »Das ist das Letzte! Hör endlich auf, deine Mutter zu schlagen!«, »Ihr zwei paßt nicht zusammen!«, »Du liebst einen Verbrecher – bist du wahnsinnig?« (alle vom 23. Juli 1999) versprechen nicht nur einen authentischen Einblick in die Seelenlage deutscher Menschen zum Ende des Jahrtausends, sondern eine reiche Ausbeute an atemberaubenden idiomatischen Redewendungen.

Befreien wir uns also aus der Betäubung, die entsteht, wenn man nur den eigenen Gedankengängen lauscht, und richten unsere Mikrophone auf die fremden Stimmen.

Portrait

Wer näher hinsieht, der bemerkt, wie anatomisch sparsam die Figuren im Walt-Disney-Kosmos gezeichnet sind. Allen Akteuren fehlt ein Finger an jeder Hand. Die General-Amputation vereinfacht das Zeichnen der Figuren, ohne Verluste in der Gestik mit sich zu führen. Die Sprache, die der Mensch mit seinen Händen spricht, braucht nicht mehr als vier Finger.

Figuren gewinnen, wenn sie ihrer Vorlage gegenüber etwas verlieren. Dieses Verfahren hat schon Robert Louis Stevenson angewandt, um den Protagonisten seines ersten Buches zu gestalten, jenen Long John Silver, der ursprünglich als Titelheld des später »Die Schatzinsel« genannten Romans gedacht war: »The Sea Cook« sollte das

Stück heißen, denn »dann hatte ich die Idee für John Silver, von dem ich mir jede Menge Vergnügen versprach; ich nahm einen Freund, den ich sehr bewunderte (...), entzog ihm alle seine edleren Eigenschaften und alle feineren Umgangsformen, um ihm nichts zu lassen als seine Stärke, seinen Mut, seine Schnelligkeit; und ich versuchte, dies in Formen auszudrücken, die zu rauhem Ölzeug passen. Eine derartige psychische Operation ist, wie ich denke, ein sehr verbreiteter Weg, wie man ›Charaktere macht‹; vielleicht ist es tatsächlich der einzige Weg. Wir könnten natürlich irgendeinen Mann nehmen, der gestern am Straßenrand hundert Worte mit uns gewechselt hat, aber kennen wir ihn? Unseren Freund und seine vielen Seiten und Möglichkeiten kennen wir – aber können wir ihn einsetzen? Auf den ersten müßten wir erfundene Eigenschaften übertragen, die möglicherweise alle falsch wären; vom zweiten müssen wir, das Messer in der Hand, allen für uns nutzlosen Wildwuchs abschneiden, alles bis auf den Stamm und die wenigen Äste, derer wir uns ziemlich sicher sind.« (Robert Louis Stevenson: Essays in the Art of Writing. London 1912, Seite 123f.)

Die Textfigur führt also gewissermaßen eine reale Präexistenz als Person, die dem Autor vertraut ist. Sie wird dann nicht etwa durch Zugabe abenteuerlichster Eigenschaften fiktionalisiert, sondern im Gegenteil durch Einschnitte paßgenau gemacht. Vielleicht wird die Gestalt überhaupt erst durch die Entfernung einiger peripherer Eigenschaften in fiktionalen oder fiktiven Zonen führbar. Die Informationsmenge, die sich in jeder Freundschaft, in jedem vertrauten Verhältnis angesammelt hat, muß auf das handhabbare Maß beschränkt werden.

Dennoch bleibt die Figur, auch wenn sie unter völlig anderen Umständen als den vertrauten agiert und ganz andere Kleidung trägt, rauhes Ölzeug etwa, immer noch Portrait, literarische Wiedergabe einer realen Existenz.

Mit eigens erfundenem Charaktermaterial muß der Autor nur solche Figuren ausstatten, die er irgendwo als

Herrn Permaneders Urbild im »Simplizissimus«

Bild, als Skizze oder Zeichnung vorgefunden hat und nun literarisch animieren will.

In den »Buddenbrooks« hat die einzige ›frei erfundene‹ Hauptfigur, Herr Permaneder, der Hopfenhändler und spätere zweite Gatte von Antonie Buddenbrook, im vierten Kapitel des sechsten Teils sein Debüt:

»Es war ein Mann von vierzig Jahren. Kurzgliedrig und beleibt, trug er einen weit offenstehenden Rock aus braunem Loden, eine helle und geblümte Weste, die in weicher Wölbung seinen Bauch bedeckte und auf der eine goldene Uhrkette mit einem wahren Bukett, einer ganzen Sammlung von Anhängseln aus Horn, Knochen, Silber und Korallen prangte – ein Beinkleid ferner von unbestimmter graugrüner Farbe, welches zu kurz war und aus ungewöhnlich steifem Stoff gearbeitet schien, denn seine Ränder umstanden unten kreisförmig und faltenlos die Schäfte der kurzen und breiten Stiefel. – Der hellblonde, spärliche, fransenartig den Mund überhängende Schnurrbart gab dem kugelrunden Kopf mit seiner gedrungenen Nase und seinem ziemlich dünnen und unfrisierten Haar etwas Seehundartiges. Die ›Fliege‹, die der fremde Herr zwischen Kinn und Unterlippe trug, stand im Gegensatze zum Schnurrbart ein wenig borstig empor. Die Wangen waren außerordentlich dick, fett, aufgetrieben und gleichsam hinaufgeschoben zu den Augen, die sie zu zwei ganz schmalen hellblauen Ritzen zusammenpreßten und in deren Winkeln sie Fältchen bildeten. Dies gab dem solcherart verquollenen Gesicht einen Mischausdruck von Ergrimmtheit und biederer, unbeholfener, rührender Gutmütigkeit. Unterhalb des kleinen Kinnes lief eine steile Linie in die schmale weiße Halsbinde hinein – die Linie eines kropfartigen Halses, der keine Vatermörder geduldet haben würde. Untergesicht und Hals, Hinterkopf und Nacken, Wangen und Nase, alles ging ein wenig formlos und gepolstert ineinander über.« (Thomas Mann: Buddenbrooks. Frankfurt am Main 1957, Seite 295f.)

Thomas Mann hatte 1887, zu Beginn seiner Arbeit an den »Buddenbrooks«, aus der Novembernummer der

Zeitschrift »Simplicissimus« eine Zeichnung von E. Weiner ausgeschnitten und mit dem Vermerk »Herr Permaneder« versehen. Mann überträgt nun zunächst die Details der Zeichnung in seinen Roman und stattet die Figur mit einer entsprechenden Redeweise aus, einer Sprache, die aus fast nichts anderem als mysteriösen, bayerischen Konversationsformeln besteht:

»Die Konsulin hatte sich nun völlig erhoben und trat mit seitlich geneigtem Kopf und ausgestreckten Händen auf ihn zu. ›Herr Permaneder! Sie sind es? Gewiß hat meine Tochter von Ihnen erzählt. (...) Und Sie sind in unsere Stadt verschlagen worden?‹

›Geltn S', da schaun S'!‹ sagte Herr Permaneder, indem er sich bei der Konsulin in einem Ledersessel niederließ (...) und begann, mit beiden Händen behaglich seine kurzen und runden Oberschenkel zu reiben.

›Wie beliebt?‹ fragte die Konsulin.

›Geltn S', da spitzen S'!‹ antwortete Herr Permaneder, indem er aufhörte, seine Knie zu reiben.

›Nett!‹ sagte die Konsulin verständnislos und lehnte sich, die Hände im Schoß, mit erheuchelter Befriedigung zurück. Aber Herr Permaneder merkte das; er beugte sich vor, beschrieb, Gott weiß warum, mit der Hand Kreise in der Luft und sagte mit großer Kraftanstrengung: ›Da tun sich die gnädige Frau halt – wundern!‹

›Jaja, mein lieber Herr Permaneder, das ist wahr!‹ erwiderte die Konsulin freudig, und nachdem dies erledigt war, trat eine Pause ein. Um aber diese Pause auszufüllen, sagte Herr Permaneder mit einem ächzenden Seufzer: ›Es ist halt a Kreiz!‹

›Hm – wie beliebt?‹ fragte die Konsulin, indem sie ihre hellen Augen ein wenig beiseite gleiten ließ.

›A Kreiz is!‹ wiederholte Herr Permaneder außerordentlich laut und grob.

›Nett‹, sagte die Konsulin begütigend; und somit war auch dieser Punkt abgetan.« (Buddenbrooks, Seite 295–297) Schließlich wird sogar die Bildunterschrift von Weiners Karikatur verwertet: »Wenn oaner den ganz'n

Tag nix thuat, muß er doch am Abend sei' Ruh hab'n.« Nach seiner Hochzeit mit Tony und dem Erhalt der Mitgift nämlich beschließt Herr Permaneder, sich aus dem Geschäftsleben zurückzuziehen:

»Tonerl«, redet er Antonie an, »mir war's gnua. Mehr brauchen mer nimmer. I hab' mi allweil g'schunden, und jetzt will i mei Ruh, Himmi Sakrament. (...) Am Abend hab' i's Hofbräuhaus. I bin ka Protzen net und mag net allweil a Göld z'sammscharrn; i mag mei G'müatlichkeit! Von morgen ab mach'i Schluß und werd' Privatier!« (Seite 334)

Es wäre eine spannende stilistische Übung, die Zeichnung aus dem »Simplicissimus« möglichst unvoreingenommenen Betrachtern vorzulegen und sie um eine Charakterisierung der Hauptfigur zu bitten – ein Verfahren, wie es Heinrich von Kleist und zwei seiner Freunde einmal in ähnlicher Form angewendet haben:

In der Vorrede zu seinem Lustspiel »Der zerbrochene Krug« (1803, gedruckt 1811) erzählt Kleist: »Diesem Lustspiel liegt wahrscheinlich ein historisches Faktum, worüber ich jedoch keine nähere Auskunft habe auffinden können, zum Grunde. Ich nahm die Veranlassung dazu aus einem Kupferstich, den ich vor mehreren Jahren in der Schweiz sah. Man bemerkte darauf – zuerst einen Richter, der gravitätisch auf dem Richterstuhl saß: vor ihm stand eine alte Frau, die einen zerbrochenen Krug hielt, sie schien das Unrecht, das ihm widerfahren war, zu demonstrieren: Beklagter, ein junger Bauernkerl, den der Richter, als überwiesen, andonnerte, verteidigte sich noch, aber schwach: ein Mädchen, das wahrscheinlich in dieser Sache gezeugt hatte (denn wer weiß, bei welcher Gelegenheit dieses Deliktum geschehen war), spielte sich, in der Mitte zwischen Mutter und Bräutigam, an der Schürze; wer ein falsches Zeugnis abgelegt hätte, könnte nicht zerknirschter dastehn: und der Gerichtsschreiber sah (er hatte vielleicht kurz vorher das Mädchen angesehen) jetzt den Richter mißtrauisch zur Seite an, wie Kreon, bei einer ähnlichen Gelegenheit, den Ödip. Darunter stand: der zerbrochene Krug. – Das Original war, wenn ich nicht irre, von einem niederländischen Meister.« (Kleist: Sämtliche Werke. Band 1. München 1952, 7. Auflage 1977, Seite 176)

Kleist hatte das Bild – »Le Juge ou la cruche cassée«, einen Stich von J. J. Le Veau nach einem verschollenen Gemälde von Ph. Debucourt – zum ersten Mal 1802 bei seinem Freund Heinrich Zschokke in der Schweiz gesehen. Zschokke erinnert sich: »Wir« – das heißt er selbst, Kleist und der außerdem anwesende Ludwig Wieland – »vereinten uns (...) zum poetischen Wettkampf. In meinem Zimmer hing ein französischer Kupferstich (...). In den Figuren desselben glaubten wir ein trauriges Liebespärchen, eine keifende Mutter mit einem zerbrochenen Majolikakruge und einen großnasigen Richter zu erkennen. Für Wieland sollte diese Aufgabe zu einer Satire, für Kleist zu einem Lustspiel, für mich zu einer Erzählung werden.« (Hohoff: Heinrich von Kleist. Reinbek bei Hamburg 1958, Seite 37)

Das literarische Portrait kann also aus zwei auf den ersten Blick gegenläufigen Richtungen ins erzählerische Bild gesetzt werden: als gezielte Abstraktion einer Vorlage, die dem Autor vertraut, daher reich an Information ist, oder als sprachlich-charakterliche Anreicherung einer vorgefundenen Skizze.

Beide Male jedoch manipuliert der Autor den Informationsgehalt, und beide Male gegen die Tendenz seines eigenen Informationsstandes. Weiß er viel, beschneidet er; weiß er wenig, wird ergänzt.

Dressed to kill - Kleiderordnung für Figuren

Stillschweigend setzen die meisten Autoren voraus, daß ihre Figuren nicht unbekleidet durch die Geschichte laufen. Wenigstens nicht in jedem Kapitel. Selbst Tarzan und sein kleiner Freund aus dem Dschungelbuch, Mowgli, lassen sich bei gesellschaftlichen Anlässen (wie einem Auftritt in einem Hollywood-Film) meist mit Lendenschurz sehen.

Oft wird die Kostümierung der Figuren unausgesprochen dem Leser überlassen, der sich die Helden angezogen nach der Gewohnheit seiner Gegenwart oder seinen Ideen von den Zeitmoden der im Text behandelten Epoche vorstellt. Demnach tragen Männer in der Regel Jacke wie Hose, Frauen ebenso, allenfalls anstelle der Hose einen Rock. Das Kostüm ist der erste und engste Kontext der Figur. Manchmal ist die Verbindung derart intim, daß sie schier unauflösbar erscheint: Tarzan in Tiroler Trachtenjoppe, Batman in Bermuda-(Bat-)Shorts oder Zorro im Jogging-Anzug sind nahezu undenkbar – es sei denn, es handelt sich um Parodien. Auch TV-Kommissar Schimanski hat in der Schmuddeljacke, sein US-amerikanischer Kollege Columbo in seinem ewigen Übergangsmantel eine zweite Haut gefunden.

Das Textil ist Text geworden, es äußert beziehungsweise spielt vor, was die Figur sei oder wie sie erscheinen möchte. Inspektor Columbo, diese TV-Adaption des Untersuchungsrichters Porfirij Petrowitsch in Fjodor Dostojewskijs »Schuld und Sühne« (1866), gibt vor Verdächtigen stets den leicht schusseligen, schmuddeligen Kauz, der im Original zusätzlich durch seinen schaurigen italienischen Akzent besticht. Sein Mantel ist Maske und Tarnung. Manchmal spielt Kleidung sogar die Hauptrolle. In Carl Zuckmayers »Hauptmann von Köpenick« (1931) wird die ausgediente Hauptmannsuniform nicht einfach übergestreift, sondern geht mit dem vormaligen Schuster Wilhelm Voigt eine Lebensgemeinschaft ein, eine Symbiose. Sie ist wieder wer, und er, Voigt, ist ein anderer.

Die literarische Kleidung lebt nicht mehr und nicht weniger als die Figur, die sie trägt. Im November 1772 verfaßt Johann Christian Kestner für Goethe auf dessen Bitte hin einen Bericht über den Freitod von Carl Wilhelm Jerusalem (1741–1772) in Wetzlar: »Es scheint sitzend im Lehnstuhl vor seinem Schreibtisch geschehen zu sein. Der Stuhl hinten im Sitz war blutig, auch die Armlehnen. Darauf ist er vom Stuhle heruntergesunken, auf der Erde war noch viel Blut. (...) Er war in völliger Kleidung, gestiefelt, im blauen Rock mit gelber Weste.« (Johann Wolfgang Goethe: Werke. Hamburger Ausgabe, Band 6. München 1981, Seite 523) Goethe macht in den »Leiden des jungen Werther« (1774) daraus:

»Aus dem Blut auf der Lehne des Sessels konnte man schließen, er habe sitzend vor dem Schreibtisch die Tat vollbracht, dann ist er heruntergesunken, hat sich konvulsivisch um den Stuhl herumgewälzt. Er lag gegen das Fenster entkräftet auf dem Rücken, war in völliger Kleidung, gestiefelt, im blauen Frack mit gelber Weste.« (Seite 124) Goethe läßt Werther im Abschiedsbrief verfügen: »In diesen Kleidern, Lotte, will ich begraben sein, du hast sie berührt, geheiligt.« (Seite 123) Derart schon dem Irdischen entrückt, wird die Werther-Kombination bald darauf zur europaweit getragenen Liebeskummer-und-Weltschmerz-Mode. Selbst im fernen China sollen belesene Singles die blaugelbe Suiziduniform angelegt haben, bevor sie sich Löcher in den Schädel schossen.

Kleider können Figuren absorbieren, Ganzkörpermasken sein, hinter denen die Biographien verschwinden. Noch in den Star-Wars-Filmen sind die Soldaten mittels Uniform und Helm ununterscheidbar, todschick angezogen, dressed to kill.

Andererseits können Kleider ihren Träger eloquent charakterisieren. Ilja Iljitsch Oblomow, der Titelheld in Gontscharows Roman von 1859, trägt ein weites, schlafrockähnliches Gewand, einen Chalat »aus persischer Seide, einen echten orientalischen Chalat, ohne das kleinste Zugeständnis an Europa, ohne Quasten, ohne Samt, ohne Taille und überaus geräumig und bequem, so daß selbst Oblomow sich zweimal hineinwickeln konnte. Die Ärmel wurden nach unwandelbarer asiatischer Mode von den Fingern bis zu den Schultern breiter und breiter. (...) Der Chalat besaß in Oblomows Augen eine Fülle von Vorteilen: er war weich und schmiegsam; der Körper spürte ihn fast nicht; er paßte sich, wie ein gehorsamer Sklave, den geringsten Bewegungen des Körpers an.« (Iwan A. Gontscharow: Oblomow. München 1980, Seite 8f.) Kleidung ist Kontext und Lebensraum. Mit ihren Kleidern eins, vermeiden viele Figuren sich umzuziehen. Als Charles Spencer Chaplin in seinem Film »Der große Diktator« (USA 1940) sein Tramp-Habit gegen die NS-Uniform Hynkels tauschte, riskierte er damit einen Karriereknick. Die Redaktion des von Jerry Siegel und Joe Schuster im Jahr 1933 erfundenen Superman-Comics wurde, als sie ihrem Helden vom Planeten Krypton 1997 ein neues, futuristisch-blaues Kostüm auf den kampferprobten Leib schneiderte, von Protestbriefen überflutet. Heute fliegt Superman wieder in altvertrauter Montur.

Möglicherweise werden Figuren, die als nationale Ikonen fungieren, erst im Zuge eines langen Reifungsprozesses zum Kleiderwechsel fähig. Donald Duck beispielsweise ist seit Jahrzehnten nicht mehr in der US-Marine, in der er zu Beginn seiner Tage Dienst getan hatte, trägt aber noch seine Matrosenuniform. Als Teilhaber an den Weltgeschäftsreisen seines Onkels Dagobert Duck hat er jedoch inzwischen gelernt, sich den Umständen entsprechend zu be- oder verkleiden. Einzig der Ducksche Unterleib bleibt weiterhin unverhüllt.

Beruf

Thomas Mann erinnert sich: »Als Kind wollte ich Konditor oder Trambahnschaffner werden. Als ich sah, daß daraus nichts wurde, verzichtete ich überhaupt.« (Peter de Mendelssohn: Der Zauberer. Das Leben des deutschen Schriftstellers Thomas Mann. Erster Teil 1875–1918. Frankfurt am Main 1975, Seite 93) Berufswünsche offenbaren das kindliche Selbstverständnis und seine Weltsicht wie mit einem Blitzlicht. Meistens ist das Ergebnis auf den ersten Blick kurios. Aber wer weiß: Vielleicht wäre Thomas Mann ein Zauberer unter den Konditoren geworden, ein heute weltweit gerühmter Erfinder von Süßspeisen, oder ein Trambahnfahrer mit Übersicht und Courage, dem Hunderte von Menschen jeden Tag mit gutem Gefühl ihr Leben anvertraut hätten.

Berufe sind nicht einfach zu Tätigkeitsbildern geronnene Produktionsverhältnisse; Berufe sind in sich stark gegliederte Gefüge von Wissen und Handlungszusammenhängen, Melangen von Selbstbildnis und Illusion. Meine den Beruf der Schmetterlingsfängerin anstrebende Tochter ist um Marktgängigkeit ihrer künftig auszuübenden Tätigkeit unbesorgt; sie sieht die bunt und lustig herumtorkelnden Luftwesen und möchte ihnen hinterherhüpfen. Im Beruf sortieren wir unsere Talente und Träume; der Beruf, gehen wir rein rechnerisch vor und messen die Zeit, die wir in ihm und mit ihm verbringen, ist der Schwerpunkt unseres Lebens.

Die restlose Privatisierung einer Figur, ihre Deportation in Schlafzimmer, Wohnzimmer, Freizeit, fingiert den »bloßen« Menschen, entblößt ihn der Wirklichkeit wie ein pornographisches Bild. Die Realität des Individuums ist bis in seine Mikrofasern hinein professionell grundiert. Patricia Highsmith führt in diesem Zusammenhang aus: »Ein Schriftsteller sollte jede Gelegenheit ergreifen, um sich ein

Bild zu machen von den Berufen anderer Menschen, vom Aussehen ihrer Arbeitszimmer, von ihren Gesprächen. Die Berufe der Personen einer Story zu variieren, das ist eine der schwersten Aufgaben für einen Schriftsteller, wenn er nach drei oder vier Büchern die paar Berufe, die er kennt, aufgebraucht hat. (... Ich) habe einmal während der Hochsaison zu Weihnachten in einem Warenhaus in Manhattan gearbeitet. Da war der Schauplatz ein Chaos von Details, Geräuschen, Menschen und einem neuen, ziemlich hektischen Tempo: ein endloser Strom kleiner Dramen, die man bei Kunden, Mitarbeitern und den recht selbstherrlichen Managern beobachten konnte. Diesen neuen Schauplatz habe ich in meiner Schreiberei voll ausgenutzt.« (Patricia Highsmith: Suspense oder Wie man einen Thriller schreibt. Zürich 1990, Seite 87f.)

Neben spezifischen Szenen liefern viele Berufe eine eigentümliche Fachsprache, einen Thesaurus von Vokabeln und idiomatischen Redewendungen, der es ermöglicht, den in der Alltagssprache nicht näher bezeichneten Details – Werkzeugen, Symptomen, Prozessen – einen Namen zu geben. Auf etwa 350000 Wörter wird der Wortschatz der deutschen Sprache geschätzt, dazu kommen etwa 1 500 000 fachsprachliche Ausdrücke. Man erinnere sich, wie wir kürzlich noch durch den elektronischen Rechner bereichert worden sind: Nirgends entwickelt sich die Sprache schneller als im professionellen Kontext.

Auf der anderen Seite sind auch die Verlustlisten lang; mit den Berufen sind die Zeiten, in denen sie wirkten, untergegangen. Harnischfeger, Kiesewein, Käsebier, Fimmel und Schröder waren einst ehrenwerte Professionen (nämlich die Harnischmacher, Weinkoster, Gastwirte, die nur kalte Speisen verabreichen, Hanfbauern und Schneider). Vor technischen Wunderwerken früherer Zeit stehen wir deswegen oft sprachlos und müssen das erläuternde Wortfeld erst reaktivieren. Die Stichworte zu Berufen in – alten wie neuen – Lexika und Wörterbüchern erschließen Lebensgeschichten und, intensiv gelesen, ganze Lebenswelten.

Gedächtnis

Die Göttin Athene war eine Kopfgeburt. Mutterlos, entsprang sie dem Haupt ihres Vaters Zeus als vollausgebildete, mit männergleicher Kraft begabte, wehrhaft-edle Pallas. Bei näherer Überlegung aber muß man sagen: arme Athene! Ist sie nicht um vieles, zumindest eine eigene Kindheit, betrogen worden? Um Ausbildung und Lebenspraxis? Was hat die Kopfgeborene überhaupt im Kopf? Teilt sie alle Erinnerungen ihres Vaters? Oder hat dieser, Zensor in jugendschützerischer Absicht, nur das Beste aus seinem Gedächtnis destilliert und so an die Tochter vererbt? Über welche Art von Memoria, wenn überhaupt, verfügt die eben geschlüpfte Göttin?

Die Hirnforschung unterscheidet heute mehrere Gedächtnisse beziehungsweise diverse Gedächtnisfunktionen:

Da wäre zunächst das Arbeitsgedächtnis, indem wir speichern, was wir vorhaben oder in nächster Zeit brauchen: die Zimmernummer im diesjährigen Urlaubshotel, der aktuelle Einkaufszettel und dergleichen. Erledigte Aufträge werden gelöscht. Im prozessuralen Gedächtnis speichern wir einfache bis hochkomplexe erlernte Handlungsabläufe wie das Fahrrad- oder Autofahren. Im semantischen Gedächtnis deponieren wir sprachlich artikuliertes Wissen. Im autobiographischen Gedächtnis lagern die Spuren, die unser Leben in uns selbst hinterlassen hat.

Darüber hinaus ließen sich Fakultäten unterscheiden wie das visuelle, das auditive, das olfaktorische oder taktile Gedächtnis, das uns erinnern läßt, wie Gesichter aussehen, Stimmen klingen, Aloe, Sandelholz und Tabak riechen oder Bargeld sich anfühlt.

Um so ein menschliches Normalgedächtnis in Betrieb zu sehen, schalten wir nun kurzerhand aus dem sagenhaften Griechenland um nach:

o lala Paris, Zeit: Jahrhundertwende. Honoré Lachaille, der in die Jahre gekommene Lebemann, trifft auf der Promenade zufällig seine ehemalige Geliebte wieder, Madame Inez Alvarez. Die Dame ist inzwischen Großmutter einer entzückenden Enkelin namens »Gigi«, Titelheldin des eben einsetzenden Musicals. In besagte Gigi sich zu verlieben hat nun Gaston, der Neffe von Monsieur Lachaille, mannigfach Gelegenheit. Und da es, wie gesagt, Paris, Jahrhundertwende und ein Musical ist, beginnen Madame Alvarez und Honoré Lachaille auch gleich nach der Musik von Frederik Loewe und Alan Jay Lerner in Erinnerungen zu schwelgen:

Er: »We met at nine –
Sie: It was at eight.
Er: I was in time –
Sie: No, you were late!
Er: Ah, yes; I remember it well.
We dined with friends –
Sie: We dined alone.
Er: A tenor sang –
Sie: A baritone!
Er: Ah, yes; I remember it well.
That dazzling April moon –
Sie: There was none that night;
And the month was June.
Er: That's right, that's right!
Sie: It warms my heart
to know that you
remember still
the way you do.
Er: Ah, yes; I remember it well.
How often I thought of that Friday
Sie: Monday!
Er: Night,
when we had our last rendezvous,
and somehow I foolishly wondered if you might
by some chance be thinking of it, too.

That carriage ride –
Sie: You walked me home –
Er: You lost a glove –
Sie: I lost a comb!
Er: Ah yes, I remember it well.
That brilliant sky –
Sie: We had some rain.
Er: Those Russian songs –
Sie: From sunny Spain
Er: Ah yes, I remember it well.
You wore a gown of gold
Sie: I was all in blue.
Er: Am I getting old?
Sie: Oh no, not you.
How strong you were, how young and gay,
a prince of love, in every way –
Er: Ah yes, I remember it well.«

(Zitiert nach der Filmversion USA 1958; Regie: Vincente Minnelli)

Monsieur Lachaille verklärt ein wenig. Sein autobiographisches Gedächtnis hat die Erinnerungsspuren leicht vergoldet. Auf die Korrekturen der Madame, auf seine vermeintlichen Irrtümer, Verschiebungen und Verwechslungen reagiert er liebenswürdig-resignierend, indem er sie dem Alter zuschreibt. Dabei ist es für uns, die die Szene belauschen, ja durchaus nicht mit letzter Sicherheit zu entscheiden, wer von beiden die historischen Fakten erinnert: Vielleicht haben sich Erinnerung und Erinnertes zugleich bei Inez Alvarez ein wenig eingetrübt.

Jedenfalls finden beide in der Erinnerung, ansonsten völlig körperlos, zusammen wie in einem für sie beide reservierten Raum, einem autobiographischen Chambre séparée.

Schon der heilige Aurelius Augustinus (345–430), heidnischer Rhetoriklehrer außer Dienst, Bischof und Kirchenvater zu Hippo, spricht in seinen »Confessiones«: »Da komme ich dann in die Gefilde und die weiten Hallen des Gedächtnisses, wo die gehäuften Schätze sind der unzähligen Bilder, die von Dingen aller Art meine Sinne mir zusammentrugen. Dort ist auch alles aufbewahrt, was immer wir denken, indem wir, was unsere Sinne berührt hat, mehren oder mindern oder sonstwie umgestalten; und all das andere, was nicht im Vergessen schon geschwunden und begraben ist, ruht dort geborgen und verwahrt.« (Confessiones X, 8) Wer sich erinnert, bewegt sich »im ungeheuren Raum des Gedächtnisses« (in aula ingenti memoriae), in seinem zutiefst eigenen »weiten, grenzenlosen Innern« (penetrale amplum et infinitum):

In jedem Menschen expandiert dieser Weltinnenraum, der sich mit allem, was er aufnimmt, weiter ausdehnt, und er akzeptiert alles, was je die Aufmerksamkeit der Person besessen hat. In den »Brüdern Karamasow« (1879/80) läßt Dostojewskij seinen Helden Aljoscha sagen: »Wisset also, daß es nichts Höheres und Stärkeres und Gesünderes und für das Leben Nützlicheres gibt als irgendeine gute Erinnerung, zumal, wenn man sie aus der Kindheit mitbringt, aus dem Elternhause. Man spricht euch viel über eure Erziehung, aber irgendeine schöne, heilige Erinnerung, aus der Kindheit bewahrt, ist vielleicht die beste Erziehung.« (Fjodor M. Dostojewskij: Die Brüder Karamasow. München 1978, Seite 1024) Erinnerung kann ein introvertiertes Fundament für das weitere Leben sein, eine Rückzugsmöglichkeit für das in Bedrängnis geratene Ich.

Das Duett aus »Gigi« zeigt, wie sehr Figuren von diesem privaten Weltinnenraum profitieren können. Jede realistisch gestaltete Figur verfügt nicht nur über ihre eigene Vorstellung vom Fortgang der Geschichte, in die sie involviert ist, sondern ihren singulären Komplex von Erinnerungen, ein autobiographisch ausgestattetes Refugium, aus dem heraus sie sich selbst steuert und aus dem heraus ihre Handlungen verständlich sind:

Arme Athene, reicher Herr Lachaille.

Die Was-wäre-wenn-Dimension der Geschichte oder Die Zukunft im Kopf der Figur

Im Jahr 1910 erschien, herausgegeben von Arthur Brehmer, das Buch »Die Welt in 100 Jahren«, das einen Blick ins Jahr 2010 wagt. Im Vorwort heißt es dazu: »Seit jeher war es das große Sehnen der Menschheit, von der Zukunft den Schleier zu heben und einen Blick in *die* Zeiten zu tun, die kommen werden, wenn wir nicht mehr sind. Propheten und Seher sind uns entstanden, falsche und echte; Träumer und Wisser. Männer, die selbst den Keim mit gelegt haben zu dem, was werden wird, und die gestützt auf das, was jetzt schon erreicht ist, und was uns die Jahrhunderte brachten, in klarer, logischer, wissenschaftlicher unanfechtbarer Folgerung, das Bild der Welt zu entwerfen vermögen, das die kommenden Zeiten uns zeichnen.« (Arthur Brehmer: Die Welt in 100 Jahren. Nachdruck der Ausgabe Berlin 1910. Hildesheim/Zürich/New York 1988, Seite 3)

Unter denen, die in diesem Sammelwerk Zukunft prognostizieren, sind Ellen Key (»Die Frau in der Zukunft«), Bertha von Suttner (»Der Frieden in 100 Jahren«), Hermann Bahr (»Die Literatur in 100 Jahren«), Rudolf Martin (»Der Krieg in 100 Jahren«) und jener deutsche Kolonialpolitiker Karl Peters, der 1884 die Gesellschaft für deutsche Kolonisation begründet und im Verlauf einer Expedition nach Ostafrika das Kerngebiet des späteren Deutsch-Ostafrika erworben hatte. 1897 war er wegen der gegen ihn erhobenen Vorwürfe der unwürdigen Behandlung von Eingeborenen entlassen worden. In seinem Beitrag »Die Kolonien in 100 Jahren«, den er für Brehmers Visionenbuch verfaßt hatte, schildert er das Leben der Kolonistenfamilie Havermann, die südlich von Windhoek ihre Farm betreibt, auf der Scholle ackern läßt, selbst aber in luftiger Höhe residiert: Die »reicheren Familien, über ganz Afrika hin, wohnten Tag und Nacht 1000 bis 2000 Meter hoch in verankerten Lufthäusern, wo sie frei waren von den Unbequemlichkeiten der tropischen und subtropischen Sonne.« (Brehmer: Die Welt in 100 Jahren, Seite 105)

Wenn die Zeichen nicht täuschen, wird zum Voraussagezeitpunkt 2010 nun doch keine deutschstämmige Luftstadt in Windhoeks Süden schweben. Wir sind zwar die Zukunft des damals tätigen Autorenteams, doch wir sind anders, als die Autoren dachten.

Historiker werden nachweisen können, wann der geschichtliche Verlauf aus dem Denkhorizont dieser Autoren ausgeschert ist. Das Ausmalen seiner Zukunft aber gehört zu den genuinen Gedankengängen des Menschen – und insofern auch in den mentalen Haushalt einer Figur.

Robert Musil definiert in »Eine(r) Art Einleitung« zu seinem »Mann ohne Eigenschaften« (1930): »Wenn es aber Wirklichkeitssinn gibt, und niemand wird bezweifeln, daß er seine Daseinsberechtigung hat, dann muß es auch etwas geben, das man Möglichkeitssinn nennen kann. Wer ihn besitzt, sagt beispielsweise nicht: Hier ist dies oder das geschehen, wird geschehen, muß geschehen; sondern er erfindet: Hier könnte, sollte oder müßte geschehen; und wenn man ihm von irgend etwas erklärt, daß es so sei, wie es sei, dann denkt er: Nun, es könnte wahrscheinlich auch anders sein.« (Robert Musil: Der Mann ohne Eigenschaften. In: Gesammelte Werke 1, Reinbek bei Hamburg 1978, Seite 16)

Der Möglichkeitssinn eröffnet Perspektiven, die als Freiraum empfunden werden. Diesen Freiraum sollte ein Autor seiner Figur zugestehen. Auch wenn die Figur in einer vergangenen Epoche angesiedelt ist, wird sie über eine prospektive Orientierung verfügen, Pläne schmieden, hoffen und bangen, das heißt: in die Zukunft gerichtet sein. Diese figurale Zukunft aber muß mit der realen Geschichte keineswegs übereinstimmen: Was sich die Figur an Zukunft erdenkt, ist zugleich so individuell-plausibel und realhistorisch phantastisch wie der Petersche Kolonialistenblick nach vorn.

In seinem Arbeitsjournal vermerkt Bertolt Brecht am 23.7.1938 im Kontext seiner Arbeit am Romanprojekt »Die Geschäfte des Herrn Julius Caesar«: »den caesar schreibend, das entdecke ich jetzt, darf ich keinen augenblick glauben, daß es so kommen mußte, wie es kam. daß etwa die sklaverei, welche eine politik der plebs so unmöglich machte, nicht aufzuheben war. die suche nach den gründen für alles geschehene macht die geschichtsschreiber zu fatalisten.« (Bertolt Brecht: Arbeitsjournal 1938–1942. Frankfurt am Main 1973. Supplementband, Seite 10) Und, am 24.12.1939: »es ist für den caesarroman von der größten bedeutung, vom standpunkt der retrospektive herunterzukommen. natürlich erscheint dem geschichtsforscher immer der abschluß als das ziel, und beim herbeischleppen der motive passiert es ihm, daß er den sektor des geplanten unwillkürlich vergrößert.« (Arbeitsjournal, Seite 58)

Es gilt also, die Figur in ihrer Zeit frei zu lassen.

Wolfgang J. Mommsen, der Historiker, schreibt in der ZEIT Nr. 17 vom 22. April 1999 in seiner Rezension des Buches »The Pity of War« (deutsch: Der falsche Krieg. Der Erste Weltkrieg und das 20. Jahrhundert. Stuttgart 1999) von Niall Ferguson, einem jungen Oxford-Historiker: »Ferguson bedient sich vor allem des methodischen Instruments kontrafaktischer Reflexionen, das heißt, er überlegt, was hätte geschehen können, wenn die Geschichte einen anderen Verlauf genommen hätte.« Ganz neu ist das nicht: »Alle Historiker arbeiten mit kontrafaktischen Annahmen mehr oder minder großer Reichweite, selbst dann, wenn sie es sich nicht eingestehen und nur erzählen wollen, ›wie es wirklich gewesen‹.« In Fergusons Sammelwerk »Virtual History. Alternatives and Counterfactuals« (1997, »Virtuelle Geschichte: Historische Alternativen im 20. Jahrhundert«. Darmstadt 1999), das Überlegungen ausführt, wie und in welche Richtung sich die Weltgeschichte der vergangenen 100 Jahre anders hätte entfalten können, heißen die Kapitel u.a. »Die europäische Union des deutschen Kaisers«, »Europa in der Hand

»Die reicheren Familien, über ganz Afrika hin, wohnten Tag und Nacht 1000 bis 2000 Meter hoch in verankerten Lufthäusern.«
Aus: Arthur Brehmer (Hg.): Die Welt in 100 Jahren.
Berlin 1910. Illustrationen von Ernst Lübbert.

der Nationalsozialisten«, »Die Auferstehung von Camelot – Wenn John F. Kennedy das Attentat überlebt hätte« oder »Das Jahr 1989 ohne Gorbatschow«. Die dort skizzierten Alternativhistorien sind keine reinen Spielwelten der historischen Phantasie, sondern Gedankenexperimente, die im real-geschichtlichen Ereignis nicht das zwangsläufige Geschehen sehen, als das es dem nachträglichen Betrachter oft erscheint, sondern in ihm das Unvorhersehbare wiederentdecken, das es zu seiner Zeit gewesen ist.

Die britische Kriminalschriftstellerin Ruth Rendell hat die klassische Form der »Who-dunnits«, die Detektivstory auf der Suche nach dem Täter, gewissermaßen aus kontrafaktischem Geist renoviert. In ihren »Why-dunnits« werden Täter und Tat schon zu Beginn des Textes vorgestellt, der Roman weist nur noch auf, wie es dazu gekommen ist.

»Eunice Parchman tötete die Familie Coverdale, weil sie nicht lesen und schreiben konnte«, so lautet der erste Satz in ihrem Krimi »A Judgement in Stone« (1977; Ruth Rendell: Urteil in Stein. München 1988): »Es gab kein echtes Motiv und keinen Vorsatz. Es ging weder um Geld noch um Sicherheit. (...) Sie gewann nichts dadurch, sondern beschwor nur eine Katastrophe auf sich herab.« (Urteil in Stein, Seite 7)

Da die Autorin retrospektiv erzählt, kann sie bei jeder an sich unbedeutenden Aktion deren verderbliche Dimension, ihren Beitrag zur Katastrophe, aufweisen und benennen, dem Akteur aus dem Off eine Warnung zurufen, die, wie alle Besserwissereien aus der Zukunft, ungehört verhallt: »Warum rufst du nicht noch einmal an, Jacqueline?« fragt sie als Erzählerin ihre Figur. »Wähl jetzt, in diesem Augenblick, die Nummer. Ein junger Mann, der in sein Zimmer neben dem von Annie Cole zurückkehrt und seinen Fuß auf die letzte Stufe dieser Treppe setzt, wird den Hörer abnehmen und sich melden. Und wenn du nach Miss Parchman fragst, wird er dir sagen, er habe nie von ihr gehört. (...)

Nimm den Telefonhörer in die Hand, Jacqueline ...« (Seite 23)

Natürlich ist Jacqueline für derartige Einflüsterungen aus der realen Welt taub. Der Leser aber sieht die Auswege, die sich geboten hätten, das silhouettenhaft auftauchende mögliche Happy-End an jeder Wendung der Geschichte und hofft wider besseren Wissens immer wieder auf Erlösung. Doch die Autorin gewährt sie nicht.

Namen

In seinem Bericht »Der Platz, an dem ich schreibe« teilt Arno Schmidt seine »Namensquellen« mit: »Es ist nämlich ›bei Schriftstellers‹, zumal bei deutschen, wo es nach heutiger Tradition pausenlos heißt ›dicht-Er & denk-Er‹!, so, daß man laufend viele Namen benötigt; bald wohlklingende, bald banale. Meist weiß man (bei häufig auftretenden Hauptpersonen, um sie mit *einem* akustisch-fonetischen Zug sich selbst und dem Leser unverwechselbar zu malen; bei Nebenfiguren, um sie rasch und ohne Arbeit, aber dennoch solide, zumindest verantwortbar-ausreichend, zu ›erledigen‹) wieviel Silben der betreffende Name haben muß, um in den Takt des Satzes zu passen; also auch, welche dieser Silben betont sein muß (...). Es wäre schon 1 Monografie wert, bei jedem Dichter seine Hilfsmittel in dieser Beziehung zu untersuchen; bei Fouqué war es Johannes von Müller. Bei mir (...) ist es so, daß ich (...) für *deutsche* Namen das Register des ›Hannoverschen Staatshandbuches für 1839‹ verwende, (es enthält immerhin 80000 zur Auswahl); für ausländische den

›Regenhardt; Geschäftskalender für den Weltverkehr, 1927‹.« (Arno Schmidt: Der Platz, an dem ich schreibe. In: Trommler beim Zaren. Frankfurt am Main 1966, Reprint 1985, Seite 343f.)

Namen lassen sich aus Namensverzeichnissen, aus Registern oder Telefonbüchern entnehmen. Sie müßten nur mit dem von Schmidt geschilderten Vorgefühl zusammenpassen.

»Namen«, führt Hermann Burger aus, »sind in der Semantik die einzigen Zeichen, die keinen unmittelbaren Sinn haben, deshalb vergißt man sie so rasch, wenn sich die entsprechende Person nicht besonders eingeprägt hat. Nur innerhalb der gesamten Romankonzeption läßt sich ein Figurenname verankern, von daher bezieht er seine Legitimation.« (»Die allmähliche Verfertigung der Idee beim Schreiben«, Seite 103f.).

»Winnetou« beispielsweise ist eine außerhalb ihrer selbst völlig sinnleere, reine Klangarchitektur, die Karl May aus vorläufigen Lautversuchen wie »Inn-nu-woh« entwickelt hat. Als dann der Phantasietourist Karl May seinem Winnetou zum ersten Mal begegnet (um die Wahrheit zu sagen: das zweite von drei Malen »zum ersten Mal«; die heute aus Winnetou-Filmen bekannte Begegnung mit dem Landvermesser-May ist bereits die dritte Version), wird denn auch Wohlklang zum Sympathieträger. Der Erzähler sitzt in einem Saloon, als der edle Wilde eintritt und wie folgt zu sprechen anhebt:

»›Ich bitte um ein Glas Bier, deutsches Bier!‹ sagte der Indianer mit wohlklingender, sonorer Stimme«, und der Fremdenführer des jungen, erzählenden Greenhorns, Old Death, stellt den Bier-Fan vor: »›Ihr habt Glück, den berühmtesten Indianerhäuptling Nordamerikas kennenzulernen, Winnetou, den Häuptling der Apachen. (...) Sein Name lebt in jedem Palast, in jeder Blockhütte, an jedem Lagerfeuer.‹« (Karl May: Winnetou und der Scout. München 1995, Seite 72f.) Old Death, der Scout, prophezeit unwissentlich, was später mit dem Namen geschehen wird: Der Name Winnetou löst sich aus seiner Verankerung in einem bestimmten Prosawerk und wird zum kulturellen Gemeingut.

Auch die Helden der prominentesten deutschen Serienhelden, Jerry Cotton und Perry Rhodan, sind dem Klang nach komponiert. Dabei sollte Deutschlands berühmtester FBI-Agent schlicht amerikanisch klingen. Unser Mann im All wurde aus dem Vornamen des Detektivs »Perry Mason« und dem Rufnamen der prähistorischen Flugechse Rodan zusammengesetzt, die seinerzeit in den Monster-Filmen des Godzilla-Erfinders und Kurosawa-Freundes Ishiro Honda ihr Unwesen trieb. Diese in sich spannungsreiche, aber intergalaktisch erfolgreiche Kombination funktioniert übrigens ganz ähnlich wie »Paolo Hofmann« (»Der Wille zum Glück«; 1896) oder »Tonio Kröger« (1903), der Name des Mannschen Kunstbürgers, in denen zwei widersprüchliche Komponenten namentlich signalisiert werden: das künstlerisch-fremdländische »Paolo«/»Tonio« mit dem bodenständig-bürgerlichen »Hofmann« beziehungsweise bürgerlich-kaufmännischem »Kröger«.

Natürlich gibt es, auch im Lebenswerk von Karl May, immer wieder Namen, die ihren Träger semantisch, also von der Wortbedeutung her durchaus stimmig bezeichnen: »Old Shatterhand« ist ein Beispiel für eine Nomen-est-omen-Beziehung. Karl Mays Kriegsname leitet sich schließlich aus dessen besonderen Eigenschaft ab, schmetternd zuzuschlagen, ist genau besehen also ein Pars pro toto. In diese Rubrik gehören auch Namen wie »Pipi Langstrumpf«, »Scrooge McDuck« (so heißt Onkel Dagobert Duck unmißverständlicher im Original, wobei »Scrooge« der Name des personifizierten Geizes aus Charles Dickens' »A Christmas Carol« ist und aus der schottischen Vorsilbe des Nachnamens ebenfalls sprichwörtliche Sparsamkeit spricht), nicht zuletzt »Ringo«, wie der aufgrund seiner Vorliebe für prachtvolle Ringe so genannte Schlagzeuger der Beatles. Selbst der Name des Narren »Eulenspiegel» wird gerne als sprechender Name verstanden. Allerdings meint er nicht, es solle einer Eule, als dem Vogel der Weisheit etwa, ein Spiegel vorgehalten werden. »Eulenspiegel« dürfte eher Satzname sein, der – von dem niederdeutschen Wort ulen, »reinigen, fegen« her – »Feg (mir) den Spiegel« bedeutet, wobei »Spiegel« schönrednerisch für »Arsch« steht.

Außerdem gibt es immer noch die Möglichkeit, den Eigennamen oder damit zusammenhängenden Lautbestand zu variieren. Thomas Mann nennt den Helden seiner späten Jahre Doktor Faustus Adrian »Leverkühn«. So hat nach dem Tod des Vaters sein und seiner unmündigen Geschwister Vormund geheißen, der Lübecker Amtsrichter Dr. August Otto Leverkühn. Franz Kafka läßt sogar den eigenen Familiennamen, wenn auch abgekürzt (»Josef K.« im »Prozeß«; »K.« im »Schloß«) oder verwandelt, in seinen Werken wiederkehren. Die Protagonisten heißen Eduard »Raban« (»Hochzeitsvorbereitung auf dem Lande«; 1907), Georg »Bendemann« (»Das Urteil«; 1912, gedruckt 1913) oder Gregor »Samsa« (»Die Verwandlung«; 1912, gedruckt 1915), weil sich hier die Vokale in derselben Position wie im Namen »Kafka« selbst befinden:

K- a- fk- a
R- a- b- a- n
S- a- ms- a.

Namen sind mehr als Schall und Rauch, sie sind die buchstäblichen Gesichter der Figur, manchmal sogar die Theatermaske ihres Urhebers selbst.

Feinde von Format

»Auch wenn es Sie wundert«, äußerte sich Jurek Becker in einem Gespräch, »in meinen Büchern wimmelt es von Leuten, die ich nicht leiden kann. Oft bin ich, zumal in der DDR-Literatur, einer Typisierung begegnet, die nicht sehr überzeugend war. Es ist öde, wenn ein Autor seine Helden gegen Dummheit kämpfen läßt. Wen sollte das anregen oder auch nur interessieren? Wahrscheinlich ist für das Gelingen eines Buches die genaue und überzeugende Zeichnung der negativen Figuren wichtiger als die sogenannten Helden.«

Der Held wächst mit seinen Gegnern. Ohne Gegner tritt kein Held ins Dasein. Wenn in der Zeit der Romanik die Westseite des Kirchenschiffes festungsartig verstärkt, zu einem mächtigen Westwerk ausgebaut, hin und wieder mit einer Michaelskapelle ausgerüstet wird, dann, weil vom Westen her nichts Gutes zu erwarten war, sondern, im Gegenteil, von dort, wo die Sonne versinkt, Böses zu befürchten stand. Den im Westen beheimateten Dämonen und Ungeistern tritt nach alter Sitte der Erzengel Michael entgegen, der mit einem Flammenschwert vorgestellt wird, den Teufel in die Tiefe stürzend oder mit einer Lanze bewaffnet, die den Drachen durchbohrt.

Der Turm wächst nicht für sich, er türmt sich auf gegen das Böse, dem er widerstehen soll. Das Gute per se bliebe, wenn nicht nutzlos, so doch blaß. Ein nur über Metropolis Patrouille fliegender Superman, der ab und an einer Greisin über die Straße hilft oder vom Gepäckträger verlorene Taschen nachträgt, hätte sich weder als Präsident der Justice League of America noch 60 Jahre lang auf dem Comicmarkt behaupten können. Es ist stets eine Hauptsorge der Comic-Autoren gewesen, ihren Superhelden immer großartigere Superschurken zur Seite zu stellen –

die ewige Feindschaft zwischen Gut und Böse als wirtschaftspolitisches Joint-venture.

Die Initiative liegt allemal beim Feind. »Verbrecher«, meint Patricia Highsmith, »sind von dramatischem Interesse, weil sie mindestens eine Zeitlang aktiv und im Geiste frei sind und sich von niemandem unterjochen lassen.« (Suspense, Seite 55) Sie agieren; der Repräsentant der kollektiven Wertvorstellung, die es zu verteidigen gilt, reagiert.

Wo es nicht gelingt, den Gegner zu profilieren, wird eine Unmenge von ihm aufgeboten – viel Feind, viel Ehr. Aber aus reihenweise vor die Flinte gestellten Indianern, zum Abschuß freigegebenen Piratenbanden oder ganzen Hundertschaften uniformierter Feinde ist noch nie ein Gegner von Format erwachsen.

Der Literaturwissenschaftler Jürgen Link, Kenner und Erforscher der bürgerlichen Erzählliteratur und Dramatik des 18. Jahrhunderts, ist der Frage nachgegangen, wie Gegner konstruiert werden. Seiner Einsicht nach sind Figuren seit dieser Zeit meist paarig oder dual aufgebaut: Grundlage des figürlichen Spiels, der Handlung, ist eine nach elementaren, binären Oppositionen sortierte Landkarte der Charaktereigenschaften, eine »Konfigurationsmatrix«. Hier werden grundlegende Achsen miteinander in Beziehung gesetzt, und zwar idealerweise die Achse der menschlich-natürlichen Qualitäten (Alter, »Herz« [= Emotion], »Kalkül« [= Verstand]) mit der Achse der sozialen Qualitäten (Adel oder Bürgertum, Reiche oder Arme etc.). Der negativen Seite mangelt es meist an »Herz«: Die Bösewichter sind lieblose Verstandesmenschen – Höflinge, Intriganten, in neuerer Zeit auch gewissenlose Wissenschaftler. So steht in vielen Dramen das junge, gefühlvolle Mädchen zwischen dem jungen, gefühlvollen Mann und dessen meist älterem, kalkulierendem Rivalen. Einem James Bond muß es dann lediglich gelingen, der Gefährtin des Schurken klarzumachen, daß dieser sie nur – kalkulierend – »benutzt«, um sie aufs Lager des Guten zu ziehen.

Um die Dominanz des Rationalen, Gefühlskalten im Feind hervorzuheben, wird die Negativ-Figur häufig mit maschinellen Attributen versehen. In reinster Form läßt sich eine derartige Handlungspartitur an den elementar strukturierten Abenteuerfilmen der Lucas/Spielberg-Schule studieren:

In den Filmen der Star-Wars-Trilogie kämpft der junge, emotional bestimmte Luke Skywalker (»deine Intuition spricht für dich«, lobt ihn sein Ausbilder) gegen seinen Ränke schmiedenden Vater, den zu einem kybernetischen Wesen, einem Maschinenmenschen gewordenen Darth Vader. Auf der Seite des Guten steht das feminin-emotionale Element an sich, die Prinzessin Leia – das finstere Imperium dagegen ist eine frauenfreie Zone. Seine Liebe zu dieser Frau läßt den Abenteurer Han Solo jedes merkantile Denken vergessen und spontan seinem jungen Freund zu Hilfe eilen, welcher nebenbei der Bruder der Prinzessin ist. Als der Sohn während des Showdowns an die emotionale Seite seines Feindes Lord Vader appelliert und ihn als Naturwesen »Vater« anspricht, erinnert sich dieser seiner natürlichen Aufgabe, den Nachwuchs zu schützen, tötet den Imperator und stirbt in Frieden mit sich und der Familie.

Selbstverständlich kann der Antagonist in verschiedene Richtungen ausgebildet werden: Er kann ganz unmenschlich-mordlüsterne, ansonsten gefühlskalte Kreatur sein (wie Moby Dick, der weiße Hai oder das Alien), leicht exzentrisch mit einem charmanten Kern wie der kannibalische Hannibal Lecter im »Schweigen der Lämmer« (USA 1990; Regie: Jonathan Demme) oder derart penetrant rücksichtslos gegenüber amerikanischen Idealen und Feiertagen wie die außerirdischen Invasoren am »Independence Day« (USA 1996; Regie: Roland Emmerich), daß ihnen der überzeugteste Pazifist nach dreißig Minuten eine saftige A-Bombe an den Hals wünscht – alles ist ihm erlaubt, solange er nur seine Arbeit macht, das Heldentum des Helden zu vergrößern.

Nebenfiguren

Jedes Jahr wird in den USA der Academy Award, der sogenannte Oscar in den Kategorien beste Hauptdarstellerin, bester Hauptdarsteller, bestes Originaldrehbuch, beste Filmmusik und für einige beste Kleinigkeiten mehr vergeben; außerdem gibt es einen Oscar für den besten Nebendarsteller oder die beste Nebendarstellerin. Und das ist weise, denn gute Filme brauchen auch in den kleinen Rollen große Stars.

Über die »Entstehung des Doktor Faustus« berichtet Thomas Mann:

»Was noch fast völlig fehlt, ist die menschenfigürliche Ausstattung des Buches, die Füllung mit prägnanten Umgebungsfiguren. Beim ›Zauberberg‹ war sie durch das Sanatoriumspersonal gegeben, beim ›Joseph‹ durch die Bibel, deren Gestalten realisierend hervorzubringen waren. Beim ›Krull‹ hätte die Welt phantasmagorisch sein dürfen. Sie darf es bis zu einem gewissen Grade auch hier, doch ist mehrfach Vollrealität erfordert, und da fehlt es an Anschauungsstütze ... Irgendwie muß aus der Vergangenheit, aus Erinnerung, Bildern, Intuition geschöpft werden. Aber die Entourage ist erst zu erfinden und festzustellen.« (Thomas Mann: Die Entstehung des Doktor Faustus. Roman eines Romans. Frankfurt am Main 1984, Seite 20) Eine Entourage, eine figürliche Umgebung also, ein Gefolge muß zusammengestellt werden. Erzählungen sind Ensemble-Leistungen.

Fündig wird Thomas Mann bald in den Briefen Luthers und anderen Dokumenten aus der Reformationszeit; wenn ein großer Teil der Nebenfiguren des »Doktor Faustus« in charakterlich-professioneller Hinsicht auch Entlehnungen aus Manns autobiographischer Umgebung sind, Familienmitglieder oder zeitgenössische Künstler und andere öffentliche Personen zum Vorbild haben, wird dem Ganzen doch ein altertümlich-atavistisches Kolorit verliehen durch den Einsatz einer reformatorischen Namensliste mit Fundstücken wie »Schlaginhaufen, Scheurl, Zink, Spengler, von Riedesel, (...) Kegel, Osiander, Zwilling und Spiegel; (...) Schneidewein (der ganze Name Ursula Schneidewein kommt bei Luther vor), und Zeitblom«. (Gunilla Bergsten: Thomas Manns Doktor Faustus. Stockholm 1963, Seite 41)

Nebenfiguren sind komprimierte Gestalten, wenn sie denn überhaupt Gestalten sein dürfen und nicht zu erzählerischem oder tatsächlichem Kanonenfutter verkommen, zu Masse spielenden Statisten und, wie in Schießbudenfilmen der mittleren James-Bond-Ära gern gesehen, Haufen von uniformiertem Feindmaterial. In diesen Fällen handelt es sich um Figuren ohne Eigenart, ohne Gesicht und Geschichte (um deren Verlust, da niemand um sie trauert, auch der Zuschauer sich nicht kümmern muß). Sind die Protagonisten wenigstens der Tendenz nach kontinuierlich präsent, kommen die Nebenfiguren sporadisch oder lediglich vereinzelt vor. Nach dem Mord, in der zweiten Szene des Zweiten Aufzuges von »Macbeth« – und ausschließlich dort –, tritt der Pförtner auf, denn »es wird geklopft.

PFÖRTNER: Das ist ein Klopfen! Wahrhaftig, wenn einer Höllenpförtner wäre, da hätte er was zu schließen. *Klopfen*. Klopf, Klopf, Klopf: Wer ist denn da, in Beelzebubs Namen? Ein Pächter, der sich in Erwartung einer reichen Ernte aufhing. Zur rechten Zeit gekommen; habt Ihr auch Schnupftücher genug bei Euch? denn hier werdet Ihr dafür schwitzen müssen! – *Klopfen*. Klopf, Klopf: wer da, in des andern Teufels Namen? Mein Treu, ein Zweideutler, der in beiden Schalen gegen jede Schale schwören könnte, der um Gottes willen Verrätereien genug beging und sich doch nicht zum Himmel hinein zweideuteln konnte. Herein, Zweideutler. – *Klopfen*. Klopf, Klopf, Klopf: wer da? Mein Treu, ein englischer Schneider, hier angekommen, weil er etwas aus einer französischen Hose gestohlen: herein,

Schneider; hier kannst du deine Bügelgans braten. *Klopfen.* Klopf, Klopf. Keine Ruhe! Wer seid Ihr? Aber hier ist es zu kalt für die Hölle; ich mag nicht länger Teufelspförtner sein. Ich dachte, ich wollte von jedem Gewerbe einige hereinlassen, die den breiten Rosenpfad zum ewigen Freudenfeuer wandeln. – *Klopfen.* Gleich, gleich! ich bitt' Euch, bedenkt doch, daß der Pförtner auch nur ein Mensch ist.

Er öffnet das Tor; MACDUFF *und* LENOX *kommen herein.*

MACDUFF: Kamst du so spät ins Bett, Freund, daß du nun so spät aufstehst?

PFÖRTNER: Mein Seel, Herr, wir zechten, bis der zweite Hahn krähte; und der Trunk ist ein großer Beförderer von drei Dingen.

MACDUFF: Was sind denn das für drei Dinge, die der Trunk vorzüglich befördert?

PFÖRTNER: Ei, Herr, rote Nasen, Schlaf und Urin.«

(Shakespeare: Macbeth. Sämtliche Werke: Tragödien. München 1984, Seite 538)

Nebenfiguren sind in Schlüsselszenen grundsätzlich gut untergebracht. Diese hier gestattet ihrer Nebenfigur sogar eine Entwicklung auf engstem Raum: von der apokalyptischen Figur des Höllenpförtners zur lustigen Person. Nebenfiguren müssen nicht notwendig untereinander Verbindung halten, sie stehen, wenn überhaupt, durch die Zentralfigur(en) miteinander in indirektem Kontakt. Dabei scheint es so zu sein, daß eine wenig profilierte Zentralfigur mehr Nebenfiguren an sich binden kann als eine in sich stark gegliederte, eigentümliche. Nebenfiguren benötigen, wenn sie nicht zu Assistenten und Stichwortgebern degradiert werden sollen, Freiräume, den Halo einer eigenen Geschichte, die sich mit dem Leitfaden vielleicht nur dieses eine Mal überkreuzt. In Thomas Manns »Zauberberg« versammelt sich das figurale Universum um den nicht nur seiner leichten Lungenschwäche wegen eher blassen Hans Castorp; und vielleicht verdankt sich der ungeheure Erfolg von »Perry Rhodan«, der größten

Science-fiction-Serie der Welt, gerade der Abstraktheit ihres Titelhelden. Wilhelm Voltz, der bedeutende Volksschriftsteller und damalige Exposé-Autor der Serie, antwortet 1978 auf die Frage, was an der Figur des Perry Rhodan interessant sei:

»Für mich in erster Linie ihre Umgebung, das heißt die Tatsache, daß er ›Kosmopolit‹ ist. Außerdem verkörpert Perry Rhodan das Gute im Menschen, nach dem wir uns mehr oder weniger alle sehnen. Eigentlich ist Perry Rhodan für mich keine Figur, sondern eine Idee. Deshalb spielt in meinen Romanen Perry Rhodan nur im Hintergrund, davor agieren Wesen, in die ich mich wegen meiner eigenen Unzulänglichkeiten leichter versetzen kann.« (In: Perry Rhodan, Sonderheft Nr. 2. Rastatt 1978, Seite 13)

Unter Umständen funktionieren Texte sogar ohne einen figuralen Mittelpunkt. Edgar Lee Masters (»Spoon River Anthology«; 1915) und Gerold Späth (»Commedia«; 1980) haben Kollektionen von Figuren-Miniaturen vorgelegt, die nahezu ganz ohne gemeinsamen Kontext, und das heißt gemeinsame Geschichte auskommen.

Die »Spoon River Anthology« von Masters, eine Sammlung von Epitaphen, erschien 1915. Masters läßt 244 auf dem Friedhof von Spoon River begrabene Tote ihren eigenen Nachruf sprechen, jeden mit einer eigenen Stimme. Die Anthologie ist bis heute eine der erfolgreichsten amerikanischen Dichtungen. Fritz Güttinger hat in seinem Nachwort zur deutschen Ausgabe, »Die Toten von Spoon River«, die Miniaturen »Romanextrakte« genannt. (Edgar Lee Masters: Die Toten von Spoon River. München 1987, Seite 248)

»AMANDA BARKER

Henry hat mir ein Kind gezeugt
Und wußte dabei, daß ich Leben nicht geben könnte,
Ohne meins zu verlieren.
So trat ich jung an die Tore des Staubs.
Wandrer, sie glauben im Dorf, wo ich lebte,

Gattenliebe sei es bei Henry gewesen,
Aber ich ruf' aus dem Staube dir zu,
Daß er mich tötete, weil er mich haßte.« (Seite 19)

Nebenfiguren haben etwas Diskontinuierliches, kurz Aufscheinendes. Durch ihren blitzhaften Auftritt versetzen sie manchmal die ganze Geschichte in ein eigentümliches Licht. In Woody Allens Film »The Purple Rose of Cairo« (USA 1985) steigt der Hauptdarsteller des gleichnamigen Abenteuer-B-Movies zunächst von der Leinwand herab, um seinen größten Fan, Cecilia, in die Film-Welt zu entführen. Dort, in der Fiktion, bringt sie die sonst so vorschriftsmäßige Handlung durcheinander. Als Baxter mit ihr in einem Nachtclub erscheint, fragt der verdutzte Kellner, was denn los sei, man antwortet ihm, das Drehbuch gelte nicht mehr. Der Kellner fragt: »Wie, gilt das Drehbuch nicht mehr? Dann kann ich ja endlich tun, was ich immer schon tun wollte!« Er legt sein Tablett fort und, mit schwungvoller Unterstützung des Orchesters, einen wunderbaren Tanz aufs Parkett.

Nebenfiguren können eine Geschichte selbst dann noch bereichern, wenn sie nur einmal auftreten und dann aus der Story auf Nimmerwiedersehen verschwinden. In Markus 14, Vers 43–51 lesen wir, wie Judas den Meister durch einen Kuß verrät. »Sie aber legten Hand an ihn und nahmen ihn fest. (...) Da ließen ihn alle im Stich und flohen. Ein Jüngling aber folgte ihm nach, der trug nur ein Hemd auf bloßem Leib. Da griffen sie nach ihm; doch er ließ das Hemd fahren und entfloh nackt.« Auf diese Weise wird der nackte Flüchtling zum Detail der großen Heilsgeschichte. Ein stiller Star.

Fragen über Fragen

Fragen suchen Nachrichten einzuholen, streben also über den aktuellen Wissensstand einer Person hinaus: Weil das, was wir nicht wissen, uns doch angeht, und oft näher angeht als das, was wir wissen.

Im vorletzten Absatz von Franz Kafkas Roman »Der Prozeß« (1914/15) wechselt die Erzählung ganz in die Frageform. Josef K., der Angeklagte und schließlich zum Tode verurteilte Protagonist, liegt auf der Erde, sein Kopf auf einen Stein gelehnt, das Messer, das ihn töten soll, wird von seinen beiden Henkern hin und her gereicht. K.s »Blicke fielen auf das letzte Stockwerk des an den Steinbruch angrenzenden Hauses. Wie ein Licht aufzuckt, so fuhren die Fensterflügel eines Fensters dort auseinander, ein Mensch, schwach und dünn in der Ferne und Höhe, beugte sich mit einem Ruck weit vor und streckte die Arme noch weiter aus. Wer war er? Ein Freund? Ein guter Mensch? Einer, der teilnahm? Einer, der helfen wollte? War es ein einzelner? Waren es alle? War noch Hilfe? Gab es Einwände, die man vergessen hatte? Gewiß gab es solche. Die Logik ist zwar unerschütterlich, aber einem Menschen, der leben will, widersteht sie nicht. Wo war der Richter, den er nie gesehen hatte? Wo war das Hohe Gericht, bis zu dem er nie gekommen war? Er hob die Hände und spreizte alle Finger.« (Kafka: Der Prozeß, Seite 194) Dann wird er erstochen.

Die Fragen transzendieren nicht nur für einen Augenblick die Ausweglosigkeit der Situation, indem sie »Einwände« für möglich erklären, die dem Delinquenten das Leben retten könnten (wenn er nur leben wollte). Sie transzendieren den Text, wenigstens in seiner ursprünglichen Fassung. Dort nämlich hieß es am Ende: »Wo war der Richter? Wo war das Hohe Gericht? Ich habe zu reden. Ich hebe die Hände.« Die Hauptfigur des Romans, aus dessen Perspektive die Geschichte entwickelt ist, tritt aus der dritten Person heraus und wird zur ersten: Ich.

Fragen wechseln die Perspektive, verwandeln die Figur, brechen die Grenze zwischen dem Text und seinem Leser auf. Bertolt Brecht läßt im Epilog zu seinem Parabelstück »Der gute Mensch von Sezuan« (1938–1940), in welchem dubiose Götter der Frage nachgehen, inwieweit es für Menschen (unter den gegebenen kapitalistisch-welthistorischen Konditionen) möglich sei, gut zu sein und doch zu leben, einen Spieler vor die Zuschauer treten:

»Verehrtes Publikum, jetzt kein Verdruß:
Wir wissen wohl, das ist kein rechter Schluß.
Vorschwebte uns: die goldene Legende.
Unter der Hand nahm sie ein bittres Ende.
Wir stehen selbst enttäuscht und sehn betroffen
Den Vorhang zu und alle Fragen offen.
(...)
Vielleicht fiel uns aus lauter Furcht nichts ein.
Das kam schon vor. Was könnt die Lösung sein?
Wir konnten keine finden, nicht einmal für Geld.
Soll es ein andrer Mensch sein? Oder eine andre Welt?
Vielleicht nur andre Götter? Oder keine?«

(Bertolt Brecht, Der gute Mensch von Sezuan. Frankfurt am Main 1964, Seite 144)

Fragen lassen, da sie die jeweils gegebene Wirklichkeit überschreiten, die Gedanken manchmal eine geradezu surreale Richtung nehmen. So hatte der französische Dichter Jean Tardieu (1903–1995) in den 50er Jahren folgende Fragen an sich und sein Publikum gestellt:

»Erscheint Ihnen das Universum als eine Last? Oder haben Sie im Gegenteil den Eindruck, auf der Welt zu schwimmen? Wenn Sie wüßten, daß Sie unsterblich sind, wie würde Ihr Tagesablauf aussehen? Wie stellen Sie sich einen abwesenden Fisch vor?« Der polnische Dichter Julian Przybos hatte Fragen als Aufnahmeprüfung für eine Dichterakademie ersonnen: »Wie werden Gedichte, die auf Rädern rollen, gemacht? Wie zieht man seinen Tag aus dem Verkehr?«

Überhaupt haben sich Fragenkataloge vom Gesellschaftsspiel, das heute noch von manchen überregionalen Zeitungen und Zeitschriften getrieben wird, um zum Gaudium ihrer Leserschaft Prominente und deren Lieblingsfarbe, Lebensmotto und meistgehaßte historische Person bloßzustellen, zu einer eigenständigen Kunstform entwickelt.

Der Schweizer Autor Max Frisch hat zwischen 1966 und 1971, in den Jahren also, in denen er die zweite Folge seiner Tagebücher notierte, eine Reihe von insgesamt 11 Fragebogen verfaßt. Das Tagebuch des Jahres 1966 beginnt mit einem dieser Kataloge:

»1. Sind Sie sicher, daß Sie die Erhaltung des Menschengeschlechts, wenn Sie und alle Ihre Bekannten nicht mehr sind, wirklich interessiert? (...) 4. Wem wären Sie lieber nie begegnet? 5. Wissen Sie sich einer Person gegenüber, die nicht davon zu wissen braucht, Ihrerseits im Unrecht und hassen Sie eher sich selbst oder die Person dafür? (...) 8. Wen, der tot ist, möchten Sie wiedersehen? 9.Wen hingegen nicht? (...) 10. Hätten Sie lieber einer anderen Nation (Kultur) angehört und welcher? 11. Wie alt möchten Sie werden? 12. Wenn Sie Macht hätten zu befehlen, was Ihnen heute richtig scheint, würden Sie es befehlen gegen den Widerspruch der Mehrheit? Ja oder Nein. (...) 15. Wann haben Sie aufgehört zu meinen, daß Sie klüger werden, oder meinen Sie's noch? Angabe des Alters. (...) 17. Was, meinen Sie, nimmt man Ihnen übel und was nehmen Sie sich selber übel, und wenn es nicht dieselbe Sache ist: wofür bitten Sie eher um Verzeihung? 18. Wenn Sie sich beiläufig vorstellen, Sie wären nicht geboren worden: beunruhigt Sie diese Vorstellung? (...) 22. Gesetzt den Fall, Sie haben nie einen Menschen umgebracht: wie erklären Sie es sich, daß es dazu nie gekommen ist? 23. Was fehlt Ihnen zum Glück? (...) 25. Möchten Sie lieber gestorben sein oder noch eine Zeit leben als ein gesundes Tier? Und als welches?« (Max

Frisch: Halten Sie sich für einen guten Freund? Elf Fragebogen. Frankfurt am Main 1992, Seite 9–12)

Das Vorwort der Herausgeber zur Fragebogensammlung wirbt: Die Fragebogen »wirken durch die Intensität der Fragestellungen stets wie Impulsgeber, die Assoziations- und Antwortketten in Gang setzen. So entwickelt sich beim Lesen das Bedürfnis, über sich selbst nachzudenken und (...) allmählich Denken und Handeln miteinander in einen reflektorischen Bezug zu setzen.« (Seite 2f.)

Dies unterstellt, sicher mit Recht, daß die Fragen an einen möglichen Leser gerichtet sind. Nichts aber spricht dagegen, sie außerdem als Grundlage für die Selbsterforschung des Inquisitors zu verstehen. Fragen bildet, zumal den Fragesteller. Leben erklärt sich im Lebensverhör.

Grenzerfahrung I:
Schöpfer und Geschöpf – ein Rendezvous

Und Gott rief seinen Propheten Elija, der in einer Höhle am Berg Horeb übernachtet hatte, um sich ihm zu zeigen: »Da zog der Herr vorüber: Ein starker, heftiger Sturm, der die Berge zerriß und die Felsen zerbrach, ging dem Herrn voraus. Doch der Herr war nicht im Sturm. Nach dem Sturm kam ein Erdbeben. Doch der Herr war nicht im Erdbeben. Nach dem Beben kam ein Feuer. Doch der Herr war nicht im Feuer. Nach dem Feuer kam ein sanftes, leises Säuseln. Als Elija es hörte, hüllte er sein Gesicht in den Mantel, trat hinaus und stellte sich an den Eingang der Höhle.« (1 Könige 19, 11–13)

In einer seiner schönsten Peanuts-Comic-Strips erzählt der US-amerikanische Zeichner Charles Monroe Schulz eine Geschichte von Sally, der kleinen Schwester von Charlie Brown, die ins Zimmer tritt, während sich ihr Bruder eine Sportsendung im Fernsehen anschaut.

Ein älterer Golf-Profi muß unbedingt seinen Ball einlochen. Der Reporter kommentiert: »He can't play it safe ... He has to go for it ... There's no tomorrow!« Sally hört nur diesen letzten Satz, und weil sie alles glaubt, was das Fernsehen sagt, läuft sie in Panik aus dem Haus und schreit: »They just announced on TV that there's no tomorrow!!!«

Sie fordert Linus und Snoopy, den Hund, auf: »Run! Hide! Flee! Run for the hills! Flee to the valleys! Run to the roof tops!« Die Angesprochenen versammeln sich auf dem Dach von Snoopys Hundehütte. Linus sagt: »Somehow I never thought it would end this way!« Snoopy aber denkt: »I thought Elijah was to come first.« (Giovanni Trimboli: Charles M. Schulz. 40 Years Art and Life. New York 1990, Seite 130)

Die Peanuts stehen, wie viele andere Phänomene der Massenkultur auch – Science-fiction etwa oder die diesem Genre nahestehenden Superhelden-Comics –, in einem religiösen Kontext. Anders als diese neomanichäischen Spielarten gehen die Peanuts subtil mit den metaphysischen Phänomenen um. Ihr Erfinder begann seine Comic-Karriere nach dem Krieg, den er in Frankreich und Deutschland verbracht hatte, damit, für ein katholisches Magazin zu lettern. Später ist Charles M. Schulz als Laienprediger für die »Church of God« tätig gewesen.

Der zitierte Comic führt in klassischer Reinheit eine Schreibregel vor, die Tschechov folgendermaßen formuliert hat: »Ich glaube nicht, daß Schriftsteller solche Fragen wie Pessimismus, Gott usw. klären sollten. Sache des Schriftstellers ist es darzustellen, wer, wie und unter welchen Umständen über Gott oder den Pessimismus gesprochen oder gedacht wird.« (Brief Nr. 127)

In aller Kürze verhält es sich in der oben wiedergegebenen Bilderzählung so: Sally hat gelernt, das Fernsehgerät als Verkündigungsinstanz zu akzeptieren: Wo TV ist, ist Wahrheit. Sie läßt sich von der ferngehörten Wahrheit entflammen, geht in alle (in diesem Falle ihre allerdings kleine) Welt und verkündet. Man folgt ihr wie weiland Noah, flieht, wenn schon nicht auf die Hügel, so doch auf das Dach der Hundehütte. Dort oben sind sie versammelt: die jetzt der verkündeten Dinge harrende Verkünderin, der aus seinem Alltagsgeschäft gerissene Gläubige und der Skeptiker, der sich einen Untergang ohne Einhaltung aller prophezeiten Schritte, ohne die vorherige Wiederkunft des Elija, nicht denken kann.

»Elegisch« hat Umberto Eco als ausgewiesener Kenner des Schulzschen Œuvres dessen Erzählweise genannt (im Vorwort zu: Giovanni Trimboli: Charles M. Schulz, Seite 9), nicht zuletzt vielleicht, weil die großen Fragen der Menschheit in Kinderhand geraten und, blamabel für manche dem Alltag abgewandte Ratio, dort besser aufgehoben sind als im erwachsenen Verstand.

Gott, fern davon, zu richten und zu strafen, unterhält, gegebenenfalls unterhält er sich sogar mit den Menschen und richtet sein Wort an sie. Wenigstens in der Literatur. Eine der großen Gottesansprachen des 20. Jahrhunderts wird in Klaus Manns ›Roman unter Emigranten‹ »Der Vulkan« (1939) gehalten:

»An euch liegt es – spricht die Höchste Instanz. Nichts wird euch abgenommen, kein Engel hilft euch – nur als Beobachter sind die Cherubim unterwegs. Ich empfange Berichte – die Mein umfassendes Wissen bestätigen, nicht bereichern können. Ich resümiere, kalkuliere, verifiziere; Ich hoffe, leide, schluchze, gräme mich, freue mich; Ich frohlocke, verstumme; Ich warte. Ich bin geduldig. (...) Seid wachsam und tapfer – dies fordert Meine Liebe von euch! Seid energisch, seid realistisch, seid auch gut! Plagt euch! Kämpft! Habt Ehrgeiz und Leidenschaft, Trotz, Liebe und Mut! Seid rebellisch! Seid fromm! Bewahrt euch die Hoffnung! Steht auf eigenen Füßen!« (Klaus Mann: Der Vulkan. Roman unter Emigranten. München 1991, Seite 551–554)

Jan-Michael Richter (Jamiri): Preis(s)elbeeren.
Aus: Jamiri: Homepages. Bochum (Unicum-Verlag) 1997.

So wird auf figuraler Ebene auch Gott wieder zum Zeitgenossen; leichterhand, vielleicht, denn eine dort angesiedelte Begegnung ist weit weniger unwahrscheinlich als ein Treffen von – sagen wir mal – Autor und Figur.

Selbst die lange Jahrhunderte nicht eben notorisch neuerungslüsterne Theologie hat eingesehen, daß mit einer in sich ewig unbeweglichen Gottesstatue kein aktueller Umgang zu pflegen ist. Mittlerweile folgt sie in manchem den avantgardistischen Spekulationen des Gottesforschers Giovanni Guareschi, der im politischen Witzblatt »Candido« seine theologischen Traktate über »Don Camillo und Peppone« veröffentlichte, welche später, zu Büchern zusammengefaßt, mit Fug und Recht zum Welterfolg wurden. In einer dieser epischen Abhandlungen beklagt sich Don Camillo mal wieder bei Jesus selbst über den mangelhaften Fortschritt in der Zivilisation. Darauf Jesus, behutsam seufzend: »Ach, Camillo, die Schöpfung – hat doch eben erst begonnen« – eine Ansicht, die heute unter dem Namen Prozeßtheologie, in ihren Grundsätzen auf der Naturphilosophie Alfred North Whitehead' fußend, immer mehr Zustimmung erfährt. Gott erscheint ihm als »Poet der Welt«, der seine »Vision von Wahrheit, Schönheit und Gutheit« verwirklicht. (Whitehead: »Process and Reality«, 1929, zitiert nach: Hans Küng: Existiert Gott? München 1981, Seite 209) So denken wir heute. Und in der Art, das Transzendente zu denken, das Jenseits sich vorzustellen, hat sich immer schon, ja genauer manchmal als im alltäglichen Sachverstand, das Diesseits ausgedrückt mit seinen Sorgen und Nöten, Sehnsüchten und Hoffnungen.

Grenzerfahrung II: Tod – Von den letzten Dingen und ihrer unmittelbaren Nachbarschaft

Im Heft Nummer 19 der Weltraum-Serie »Perry Rhodan« erreicht der Titelheld endlich das Ziel seiner viele Hefte umspannenden Suche: Wanderer, die scheibenförmige Kunstwelt, Heimat des von keiner Materie abhängigen Kollektivbewußtseins ES, des Unsterblichen.

Ein Roboter wird Rhodan zugeteilt und erkundigt sich höflich:

»›Möchten Sie nun das Physiotron betreten?‹

›Wozu? Was ist das?‹

›Eine Zelldusche, Sir.‹« (Karl Herbert Scheer: Der Unsterbliche. München 1964, Seite 63)

Rhodans Zellen werden physiotrongeduscht, und fortan besitzt er, was noch keinem seiner Konkurrenten auf dem Heftromanmarkt gewährt worden ist: Unsterblichkeit.

Im Vorwort zu »Spätzünder« rügt Thomas Pynchon seine frühe Erzählung »Der kleine Regen«: »Ein zentraler Punkt der Geschichte, ebenso entscheidend wie unerfreulich, ist die Oberflächlichkeit, mit der mein Erzähler – fast, aber nicht ganz ich selbst – das Thema Tod behandelt. Wenn wir von der ›Ernsthaftigkeit‹ erzählender Literatur sprechen, dann meinen wir damit in letzter Konsequenz ihre Einstellung zum Tod – wie sich ihre Figuren in seiner Gegenwart verhalten oder wie sie mit ihm umgehen, wenn er nicht unmittelbar gegenwärtig ist. Jeder weiß das, aber dennoch wird das Thema gegenüber jüngeren Autoren kaum je zur Sprache gebracht, was daran liegen mag, daß die meisten einen solchen Hinweis bei einem Adressaten, der noch im Lehrlingsalter steht, für schlicht vergeudet halten. (Vermutlich besteht eine der Ursachen für die Faszination von Fantasy und Science-fiction auf junge Leser darin, daß in einem beherrschbar gemachten Raum-Zeit-Kontinuum, in dem die Figuren nach Belieben herumreisen und sich physischen Gefahren ebenso wie der Unerbittlichkeit des Chronometers entziehen können, die Sterblichkeit so selten ein Problem ist.)

Im »Kleinen Regen« findet man Figuren, die mit dem Tod auf pubertäre Weise umgehen. Sie weichen ihm aus: sie schlafen lange, sie flüchten in Euphemismen. Wenn sie von Tod reden, ziehen sie sich mit faulen Witzen aus der Affäre. Und was das Schlimmste ist: sie versuchen, ihn mit Sex auszutreiben.« (Thomas Pynchon: Spätzünder. Reinbek bei Hamburg 1985, Seite 11f.)

Naturgemäß ist das Thema Tod jenes, das, soweit es das Sterben selbst meint, am wenigsten mit autobiographischem Material angefüllt werden kann. Wir er- und überleben immer nur den Tod eines anderen. Dieser andere Tod kann von uns, die wir ihn erleben, als lebensveränderndes Ereignis erfahren werden.

Fritz Zorn, der im Klappentext seines Buches »Mars« als Schweizer Millionärssohn und Gymnasiallehrer vorgestellt wird, der mit 30 Jahren von seiner tödlichen Krebserkrankung erfährt, berichtet von »einer Serie von Visionen, die ich jahrelang hatte und deren erste sich kurz nach dem Tod meines Vaters einstellte. Es handelte sich dabei nicht um einzelne Bilder, sondern immer um ganze Geschichten, die sich unaufhörlich entwickelten, oft in der Form von Familiengeschichten oder dynastischen Folgen von Königsdramen, bei denen nach dem Ableben der ersten Generation die folgenden Generationen die alten Geschichten fortführten und häufig auch wiederholten und variierten. (…) Ich will in diesem Zusammenhang nur ein paar sich immer und immer wiederholende Züge der meisten Gestalten erwähnen. Die meisten waren traurig. Und zwar waren sie meist nicht *a priori* traurig, sondern sie wurden es; die Trauer ereilte sie, und sie wurden von der Trauer überwältigt. Immer wieder ergab sich der Fall, daß eine solche Figur von Melancholie heimgesucht wurde. Häufig waren es nicht einmal die besonderen widrigen Schicksale, die die betreffende Figur gerade durchzustehen hatte, die die Trauer bewirkten; die Trauer stieg vielmehr wie ein Nebel aus dem Boden auf und hüllte die Gestalt völlig ein. Es gab da eine ganze Reihe von Männer- und Frauengestalten, die am Anfang ihrer Geschichte recht munter gewesen waren und keinen besonderen Anlaß zum Klagen hatten, die dann im Verlauf ihres Lebens aber auf motivierte oder halbverschleierte oder auch ganz unbegreifliche Weise in tiefster Melancholie versanken und meist durch nichts mehr daraus aufzuscheuchen waren. Vor allem einige Frauengestalten erlangten in dieser Hinsicht eine furchtbare allegorische Größe und erschienen mir immer und immer wieder in visionärer Klarheit als Sinnbilder der versteinerten Melancholie, als allegorische Figuren der undurchdringlichsten Trauer.« (Fritz Zorn: Mars. Frankfurt am Main 1979, Seite 126f.)

Im Gegensatz zu einer Literatur im Stile Zorns, die ihre Figuren ernstlich mit dem Tod und seinen Auswirkungen konfrontiert, versucht die auf Phantastik gerichtete Literatur (das, was Thomas Pynchon Fantasy nennt), ihre Figuren gegen den Tod als Erlebnis zu immunisieren. Man rufe sich den Auftritt des durchschnittlichen deutsch-amerikanischen Fernseh-Kommissars in seiner Rolle »Todesbote beim nächsten Angehörigen des Ermordeten« vor Augen und die Stereotypie von Fassungslosigkeit, mit der dieser Betroffene zu reagieren hat: Augenaufriß, Kopfschütteln, Weinen, sich setzen. Setzen Sie sich erst mal, sagt der Kommissar, und deaktiviert ihn: Der Arzt gibt Ihnen gleich eine Beruhigungsspritze. Indem der Schauspieler die TV-Stereotypen aktiviert, Trauer in stilisiertester Art und Weise indiziert, nicht aber ausdrückt, verschont er sich, den Autor und, im Namen der Barmherzigkeit, auch den Zuschauer mit jener Trauer, von der Fritz Zorn spricht.

Trauer hängt den Verstorbenen nach, ist wie eine Sonde ins Jenseits. Trösten Sie sich, er/sie/es ist jetzt in einer besseren Welt. Aber wo genau ist er, wie sieht diese bessere

Welt aus? Seele kommt von See – über oder in welches Gewässer ist er dahingegangen? Der Tod setzt eschatologische Phantasien in Gang, gibt religiösen Utopien einen Anstoß.

Die wirkliche Existenz ist begrenzt, der Tod muß Horizont jeder Figur sein, die den Menschen imitiert. »Winnetou darf nicht sterben!« nannte sich eine informelle Bürgerbewegung, die in den siebziger Jahren des 20. Jahrhunderts auf Wiederausstrahlung alter Karl-May-Filme im Fernsehen drängte; aber wer weiß, ob nach diesem Helden auch dann noch so viel Verlangen bestünde, wenn er nicht im dritten Teil in den Armen seines weißen Bruders Scharlih das Leben ausgehaucht hätte.

III

Kritik der poetischen Vernunft

Über literarische Ökonomie

In einem Brief an Friedrich Hölderlin rät Friedrich Schiller am 24. November 1796 seinem jungen Kollegen: »Fliehen Sie wo möglich die philosophischen Stoffe, sie sind die undankbarsten, und in fruchtlosem Ringen mit denselben verzehrt sich oft die beßte Kraft, bleiben Sie der Sinnenwelt näher, so werden Sie weniger in Gefahr seyn, die Nüchternheit in der Begeisterung zu verlieren, oder in einen gekünstelten Ausdruck zu verirren.

Auch von einem Erbfehler deutscher Dichter möchte ich Sie noch warnen, der Weitschweifigkeit nemlich, die in einer endlosen Ausführung und unter einer Fluth von Strophen oft den glücklichsten Gedanken erdrückt. Dieses thut Ihrem Gedicht *Diotima* nicht wenig Schaden. Wenige bedeutende Züge in ein einfaches Ganzes verbunden, würden es zu einem schönen Gedicht gemacht haben. Daher empfehle ich Ihnen vor allem eine weise Sparsamkeit, eine sorgfältige Wahl des Bedeutenden und einen klaren einfachen Ausdruck desselben. Doch wie kann ich specifizieren, was ich wünsche? Sie haben Mosen und die Propheten; halten Sie sich an die schönsten Muster und bilden Sie daraus die Regeln selbst, die ohne das nur Worte seyn würden.« (Friedrich Hölderlin: Sämtliche Werke. Band 7. Hg.: Friedrich Beissner. Stuttgart 1968, Seite 46f.)

Im Kern der dichterischen Tätigkeit soll eine gewisse Nüchternheit walten, deren möglicher Verlust nicht enthusiastisch begrüßt, als seherische Ekstase gewürdigt wird, sondern als Gefahr erscheint. Dieser Nüchternheit entspricht die Sparsamkeit im Ausdruck – es scheint zunächst, als würden hier bürgerlich-ökonomische Tugenden in poetologische Maximen verwandelt.

Jurek Becker schreibt: »Wenn es so etwas gibt wie eine Ökonomie der Prosa, dann hat sie vor allem mit Reduktion zu tun. In den uninteressanten Büchern findet man andauernd Sätze, die der Vollständigkeit halber dastehen. Wenn ein Autor die Nase einer Figur braucht, muß er nicht erzählen, welche Haarfarbe sie hat.« Denn ein »Autor hat, glaube ich, das Recht, sich von seiner Figur genau das zu nehmen, was er von ihnen braucht.« (Zitiert nach: Jurek Becker über das Schreiben. In: Unterwegs. Stuttgart 1996. Seite 194f.)

In seiner brieflichen Kritik einer Erzählung von V. A. Zirkevitsch bemängelt Anton Tschechov am 2. 4. 1895: »Ihre Verfahren in den Naturbeschreibungen sind Routine. Die Erzählung müßte mit dem Satz beginnen: ›Somov war sichtlich erregt‹, alles, was vorher gesagt wird über die Wolke, die schwer lastet, über die Spatzen, über das Feld, das sich ausbreitet, – all das ist Tribut an die Routine. Sie haben ein Gefühl für die Natur, stellen sie aber nicht so dar, wie Sie sie fühlen. Naturbeschreibungen müssen vor allem bildlich sein, damit sich der Leser, wenn er sie gelesen hat und die Augen schließt, die dargestellte Landschaft sofort vorstellen kann, eine Ansammlung solcher Momente wie Dämmerung, bleierne Farbe, Pfütze, Nässe, Silberschatten der Pappeln, Wolken am Horizont, Spatzen, ferne Wiesen – das ergibt kein Bild, denn ich kann mir dies alles in einem harmonischen Ganzen beim besten Willen nicht vorstellen. In Erzählungen wie der Ihren sind Naturbeschreibungen nur dann am Platze und verderben das Ganze nicht, wenn sie zum Thema gehören, wenn sie Ihnen helfen, dem Leser die eine oder andere Stimmung mitzuteilen, wie die Begleitmusik beim Rezitativ. Wenn zum Wecken geblasen wird und die Soldaten das ›Vater unser‹ singen, wenn der Zugkommandeur nachts zurückkommt und am nächsten Morgen der Soldat zur Exekution geführt wird, ist Landschaft durchaus am Platz, und hier sind Sie Meister. Das Wetterleuchten ist ein starker Effekt; aber es hätte gereicht, wenn Sie es nur einmal, gleichsam zufällig erwähnt hätten, statt es zu unterstreichen, das schwächt nur den Eindruck, und die Stimmung beim Leser zerfließt.«

Nicht das Zerfließen oder die Zerstreuung des Lesers ist es, was diesen unterhält, sondern im Gegenteil die Bündelung seiner Aufmerksamkeit. Um diese Bündelung zu erreichen, sollte der Autor routiniertes Beiwerk abstreifen:

»Routine des Verfahrens überhaupt bei Beschreibungen: ›das bunt mit Büchern vollgestellte Regal an der Wand‹. Warum nicht einfach: ›das Bücherregal‹. Die Puschkinbände stehen bei Ihnen ›vereinzelt‹, die Bände der ›Billigen Bibliothek‹ ›eingezwängt‹. Wozu das alles? Sie halten die Aufmerksamkeit des Lesers auf und ermüden ihn, weil sie ihn innehalten lassen, um das bunte Bücherregal zu betrachten oder den eingezwängten ›Hamlet‹ – das zum ersten; zweitens ist das alles nicht einfach genug, es ist manieriert und, als Kunstgriff, ein bißchen veraltet. Heutzutage schreiben nur noch Damen ›die Affiche lautete‹, ›das von Haaren umrahmte Gesicht‹. (...) Die Kindheit und die Gottesfurcht sind hübsch dargestellt, aber in demselben Ton, in dem sie schon sehr viele Male dargestellt worden sind.«

Der Vorwurf der Weitschweifigkeit ist leicht erhoben, obwohl mancherorts, zum Beispiel in der Kriminalliteratur, das blinde Motiv, die falsche Fährte nicht nur wohlgelitten ist, sondern zur lustvollen Verwirrung des mitfahndenden Lesers beiträgt. Auch ist die normale Reaktion des normalen Genies bekannt: Es wehrt sich gegen Kürzungsvorschläge von Sachunkundigen, wie man zum Beispiel in Milos Formans »Amadeus« (USA 1984) sieht. Dort betritt nach der Premiere der »Entführung aus dem Serail« Kaiser Joseph II. die Bühne, um Mozart zu gratulieren. Leichtsinnigerweise schränkt er sein amateurhaftes Lob ein:

»Gelegentlich hatte es – scheint mir – oh, wie soll ich das ausdrücken? Wie drückt man das aus, Herr Direktor?« fragt er den Direktor der Oper, Graf Orsini Rosenberg.

»Oh, zu viele Noten, Majestät!« – »Exakt«, findet die Majestät, »glänzend formuliert: zu viele Noten!« Darauf

Mozart: »Ich verstehe nicht, es sind gerade soviel Noten, Majestät, wie nötig sind, nicht mehr und nicht weniger.«

Der Kaiser bemüht sich um den Kompromiß zwischen Künstler und Kritiker: »Nehm' er ein paar raus, und das Ganze ist perfekt.« Mozart: »Und welche Noten haben Majestät im Sinn?« Der unverhoffe Auftritt von Mozarts junger Verlobten rettet ihn und den Kaiser aus der für beide Seiten unerquicklichen Kunstdebatte.

Bei aller Empfindlichkeit des Künstlers bleibt unbestritten: Alle Kunst ist Reduktion, Ellipse, Verzicht auf das fürs Werk nicht Notwendige. Es liegt also im Interesse jeder künstlerischen Tätigkeit, exklusiv vorzugehen und zu minimieren. Tschechov gibt ein durchweg praktikables Kriterium an die Hand, mit dem Notwendiges von Überflüssigem zu trennen ist.

»Bester Aleksander Semjenowitsch«, schreibt er am 1. 11. 1889, »Ihr Vaudeville habe ich bekommen und sofort gelesen. Es ist sehr schön geschrieben, aber seine Architektur ist unerträglich. Diese widerspricht der Bühne total. Urteilen Sie selbst. Daschas erster Monolog ist völlig unnötig, denn er ragt hervor wie ein Auswuchs. Er wäre am Platz, wenn Sie aus Dascha nicht einfach eine Statistenrolle hätten machen wollen und wenn er, der Monolog, der dem Zuschauer viel verspricht, irgendeinen Bezug hätte zum Inhalt oder den Effekten des Stücks. Man kann nicht ein geladenes Gewehr auf die Bühne stellen, wenn niemand die Absicht hat, einen Schuß daraus abzugeben.«

Keine Figur, keine ihrer Aktionen, keine Schilderung hat einen Wert an sich; jeder literarische Satz ist ein Versprechen, das im Text eingelöst werden muß. Was dem Leser nichts verspricht oder was sein Versprechen nicht einlöst, erweckt entweder erst gar keine Aufmerksamkeit oder läßt aufmerken, ohne daß es sich für den Leser lohnt. Solche Sätze sind, wie Gewehre, die nicht schießen, überflüssiger Luxus, pure Dekoration.

Gespräche – Warum reden sie miteinander?

Tausendundeine Nacht lang redet Schehrezâd um ihr Leben. König Schehrijâr, ihr Bräutigam, Gatte und Mörder in spe, hatte nach einer tiefen Enttäuschung beschlossen, Frauen fortan nur noch einmal zu beschlafen und am Morgen danach durch Hinrichtung zu entsorgen. Nun wäre Schehrezâd an der Reihe, doch sie weiß eine List: Sie läßt ihre kleine Schwester unter dem Vorwand kommen, sich von ihr verabschieden zu wollen. »Der König sandte nach der Kleinen, und sie kam zu ihrer Schwester und umarmte sie und setzte sich zu den Füßen des königlichen Lagers. Dann ging der König hin und nahm seiner Braut die Mädchenschaft. Darauf setzten sich alle nieder, um zu plaudern. Und die jüngere Schwester sprach« – wie die ältere sie instruiert hatte – »zu Schehrezâd: ›Ich bitte dich bei Allah, o Schwester, erzähle uns eine Geschichte, durch die wir uns die wachen Stunden dieser Nacht verkürzen können!‹« (Die Erzählungen aus den Tausendundein Nächten. Übertragen von Enno Littmann. Frankfurt am Main 1976, Seite 32) Und Schehrezâd erzählt in dieser Nacht und – da dem König ihre Erzählungen gefallen – in tausend weiteren Nächten ihre Geschichten.

Nicht alle Redemotive sind so eindeutig. Der Autor und Kritiker Hugo Dittberner hat bei einer Diskussion über die Qualität von literarischen Texten einmal darauf hingewiesen, daß in den Gesprächen der Figuren miteinander ein wichtiges Gütekriterium ins Spiel komme. Jeder Redebeitrag sei zunächst eine Information, eine Benachrichtigung über Sachverhalte oder Befindlichkeiten. In schlichteren Texten ist diese Informationsvermittlung schon die einzige wirksam werdende Redemotivation, wobei im denkbar ungünstigsten Fall die literarische Figur als Sprechtüte für die Auffassungen des Autors herhalten muß.

Der englische Sprachphilosoph John Langshaw Austin hat in seinen Vorlesungen die Frage untersucht, wie wir Sätze gebrauchen (»How to do things with Words«, 1962). Sätze sind nicht nur Aussagen oder Feststellungen, sie haben darüber hinaus häufig einen Handlungswert. Austin untersucht diese Fälle, »in denen etwas *sagen* etwas *tun* heißt; in denen wir etwas tun, *dadurch daß* wir etwas sagen oder *indem* wir etwas sagen.« (John L. Austin: Zur Theorie der Sprechakte. Stuttgart 1972, Seite 34) Sätze sind nicht nur Nachrichten, sondern Handlungen, Sprechhandlungen.

Zum Beispiel könnte der Satz »Karl wird dich morgen besuchen« je nach Situation und Redeziel über die bloße Mitteilung hinaus als Drohung, als Versprechen, als Aufmunterung oder Vertröstung gemeint sein.

Ein Prüfstein für die literarische Qualität einer Figur kann demnach sein, ob sie mit den Sätzen, die sie spricht, nur Nachrichten transportiert oder auch etwas tun will: sich – wie die episch begabte orientalische Braut – verteidigen und retten, oder warnen, drohen, versprechen, verunsichern, aufheitern, einschüchtern, besänftigen und so weiter. Hinter der informativen Schicht des Figurendialogs müßte ein Geflecht von Redeabsichten als Beweggrund der Sprecher und daran orientierten Sprechhandlungen sichtbar werden.

Engumschlungen im Konflikt

»In derselben Nacht stand Jakob auf, nahm seine beiden Frauen, seine beiden Mägde sowie seine elf Söhne und durchschritt die Furt des Jabbok. Er nahm sie und ließ sie den Fluß überqueren. Dann schaffte er alles hinüber, was ihm sonst noch gehörte. Als nur noch er allein zurückgeblieben war, rang mit ihm ein Mann, bis die Morgenröte aufstieg. Als der Mann sah, daß er ihm nicht beikommen konnte, schlug er ihn aufs Hüftgelenk.« Jakob hinkt seitdem, hält aber fest. Der fremde Ringer will losgelassen sein, Jakob verlangt, zuvor gesegnet zu werden. Der Mann spricht: »Nicht mehr Jakob sollst du heißen, sondern Israel; denn mit Gott und Menschen hast du gestritten und hast gewonnen.« Dann segnet er ihn. (Genesis 32, 23–30)

»Konflikt« ist vom lateinischen Wort conflictus entlehnt, das Zusammenstoß, Kampf bedeutet. Er kann, wie in dieser Geschichte vom göttlichen Überfall, zu einem denkbar engen körperlichen Kontakt, zu einer Umarmung führen. Hält man hingegen die Konfliktpartner auf Distanz zueinander, wird sichtbar, daß die Gegner ein gemeinsames Drittes teilen, den Konfliktgegenstand, ein Objekt mit Streitwert.

Wenn auf einem Tisch ein rotes und ein blaues Auto stehen, Karl das rote, Kurt das blaue will, dann gibt es keinen Streit. Wenn jedoch beide, Karl und Kurt, gleichzeitig nach dem blauen greifen, dann entsteht ein Konflikt. Figuren werden im Konflikt vereint, wenn sie einander entgegenstehende Interessen auf demselben Feld vertreten.

Dabei kann es geschehen, daß Charaktere dauerhaft aneinandergeraten und ihre Psychen zu Bastionen umbauen, worüber der akute Streitfall in Vergessenheit gerät. Darum wurde in den späten 70er Jahren des 20. Jahrhunderts von der Friedensforschung ein Tausch

Aus: Superman und Batman, Heft 8, 22. April 1967.
© DC Comics/Egmont Ehapa Superman und Batman 1967/1999.

der Sichtweisen als Konfliktlösungsverfahren vorgeschlagen. Demnach hätten sich US-Amerikaner und Vertreter der Sowjet-Union an einen Tisch zu setzen, dann hätte der Amerikaner damit beginnen sollen, die Position des Sowjets darzustellen, und zwar so lange, bis der Sowjet sagt: Genau so sehen wir das. Danach hätte der Sowjet die Ansicht des Amerikaners darlegen sollen, wieder bis zum Einverständnis seines Gegenübers.

Konflikte benötigen das Wissen um das Interesse des anderen an derselben Sache und gleichzeitig eine bestimmte Ignoranz hinsichtlich der Legitimität und des Wesens dieses Fremd-Interesses.

Der Seelen-Tausch, den das Friedensforschungsinstitut vorgeschlagen hatte, wurde übrigens in den USA ansatzweise realisiert, wenn auch nur in der Unterhaltungsindustrie: Immer wieder wird dort in Body-Switch/Körpertausch-Filmen dem einen das Seelenleben des anderen nahegebracht – dem Mann das der Frau, dem Sohn das des Vaters, dem Gangster das des Polizisten. In der Regel werden die Konflikte dadurch zu Komödienstoffen enttragödisiert. Zuviel Verständnis fürs Gegenüber schadet dem Streit.

Als besonders konfliktergiebig hat sich hingegen die Rivalität erwiesen, das Aufeinandertreffen von Nebenbuhlern. Was der lateinische Terminus technicus nämlich verschweigt – »rivale« meint ursprünglich den Bachnachbarn, den zur Nutzung eines Wasserlaufs Mitberechtigten –, macht das deutsche Wort offenbar: Der Buhler ist der Liebhaber; Objekt seines Begehrens ist ein Mensch, dem letztendlich sogar die Funktion des Preisrichters zufällt. So wird der Gegenstand in den Konflikt einbezogen und aktiviert, und seine Wahl fällt um so schwerer, er ist sich um so weniger eins, je ebenbürtiger die beiden Bewerber ihm erscheinen. Im Bemühen der Rivalen wiederum, den jeweils anderen auszustechen, liegt der Quell der schönsten Eskalation.

Poetische Logik

Zu Beginn von Kafkas »Das Schloß« (1922) kommt der Landvermesser K. spätabends im Dorf am Fuß des Schloßbergs an. Seine Gehilfen sollen nachkommen, die Familie ist daheim geblieben, und K. hofft mit Rücksicht auf sie, daß sich die Arbeit hier in der Fremde wenigstens finanziell lohnt:

»›Ich kenne den Grafen noch nicht‹, sagte K., ›er soll gute Arbeit gut bezahlen, ist das wahr? Wenn man wie ich so weit von Frau und Kind reist, dann will man auch etwas heimbringen.‹« (Franz Kafka: Das Schloß. Frankfurt am Main 1982, Seite 13)

Wenige Tage später ist von Familie keine Rede mehr. K. hat ein Schankmädchen kennengelernt, Frieda, und vertraut der Wirtin an, »daß ich es für das Beste halten würde, wenn Frieda und ich heiraten und zwar sehr bald«. (Seite 77)

Der Ich-Erzähler in Fjodor M. Dostojewskijs »Dämonen« (»Besy«, 1871) heißt Anton Lawrentewitsch G-w. Er redet, handelt und spielt Karten, ist eine Figur von Fleisch und Blut. Wenn jedoch Dinge außerhalb der Öffentlichkeit geschehen, der Revolutionär Pjotr Stepanowitsch Werchowenskij beispielsweise den jungen Bauingenieur und Gottesleugner Alexej Kirillow kurz nach Mitternacht in dessen Haus zu einem Selbstmord überreden will, dann verflüchtigt sich die menschliche Substanz des Erzählers, und er ist als Berichterstatter körperlos anwesend. Und das paßt eigentlich vorne und hinten nicht zusammen.

Die poetische Logik folgt aber anderen Gesetzen als die einfache Aussagelogik, der es um den Ausschluß von Widerspruch geht. »Der Künstler«, sagt Goethe am 18. April 1827 in einem Gespräch mit Eckermann, »muß freilich die Natur im einzelnen treu und fromm nachbilden, er darf in dem Knochenbau und der Lage der Sehnen und Muskeln eines Tieres nichts willkürlich ändern (...). Allein in den höheren Regionen des künstlerischen Verfahrens, wodurch ein Bild zum eigentlichen Bilde wird, hat er freieres Spiel und darf hier sogar zu *Fiktionen* schreiten, wie Rubens in (seiner) Landschaft mit dem doppelten Licht getan.« »Ließen sich nicht auch«, fragt Eckermann nach, »ähnlich kühne Züge künstlerischer Fiktion (...) in der *Literatur* finden?«

Darauf Goethe: »Ich könnte sie Ihnen im Shakespeare zu Dutzenden nachweisen. Nehmen Sie nur den ›Macbeth‹. Als die Lady ihren Gemahl zur Tat begeistern will, sagt sie: Ich habe Kinder aufgesäugt – Ob dieses wahr ist oder nicht, kommt gar nicht darauf an; aber die Lady sagt es, und sie muß es sagen, um ihrer Rede dadurch Nachdruck zu geben. Im späteren Verlauf des Stückes aber, als Macduff die Nachricht von dem Untergang der Seinen erfährt, ruft er in wildem Grimme aus: Er hat keine Kinder! Diese Worte des Macduff kommen also mit denen der Lady in Widerspruch, aber das kümmert Shakespeare nicht. Ihm kommt es auf die Kraft der jedesmaligen Rede an.« (Johann Peter Eckermann: Gespräche mit Goethe in den letzten Jahren seines Lebens. Frankfurt am Main 1987, Seite 578f.)

In künstlerischen Zusammenhängen kann also der Nachdruck zu einer Kategorie werden, die den Widerspruch überbietet. Die poetische Logik ist nicht auf Widerspruchsfreiheit gebaut, sondern auf dem gewünschten Effekt. Shakespeare hat nicht etwa mangelhaft korrigiert, sondern es kam ihm darauf an, »immer nur im gegenwärtigen Moment wirksam und bedeutend zu sein«.

Schablonen, und wie man sie wendet

In einem Marathon-Interview von über 50 Stunden, das Alfred Hitchcock François Truffaut in den 60er Jahren gab, erinnert sich Hitchcock an eine siebenminütige Sequenz aus seinem Film »North by Northwest« (Der unsichtbare Dritte, USA 1959). Der von Cary Grant gespielte Werbekaufmann Roger Thornhill wird von einem feindlichen Spionagering fälschlicherweise für einen gewissen Mr. Kaplan gehalten, einen Agenten, der tatsächlich nichts als eine Erfindung des US-amerikanischen Geheimdienstes ist.

Thornhill wartet an einer Bushaltestelle inmitten einer kahlen Agrarlandschaft auf eine Verabredung. Flaches, leeres Land. Ein Flugzeug sprüht Insektenvertilgungsmittel über den Feldern ab. Thornhill spricht mit einem Mann, der auf den Bus wartet, über die Hitze des Tages. Plötzlich nimmt der Pilot des Flugzeugs Kurs auf Thornhill und versucht ihn zu erschießen.

»Auf den Einfall bin ich so gekommen. Ich wollte mich gegen die Schablone stellen. Ein Mann kommt an einen Ort, wo er wahrscheinlich umgebracht wird. Wie wird das im allgemeinen gemacht? Eine finstere Nacht an einer Kreuzung in einer Stadt. Das Opfer steht im Lichtkegel einer Laterne. Das Pflaster ist noch feucht vom letzten Regen. Großaufnahme einer schwarzen Katze, die eine Mauer entlangstreicht. Eine Einstellung von einem Fenster, hinter dem schemenhaft das Gesicht eines Mannes auftaucht, der nach draußen blickt. Langsam nähert sich eine schwarze Limousine, undsoweiter. Ich habe mich gefragt, was das genaue Gegenteil einer solchen Szene wäre. Eine völlig verlassene Ebene in hellem Sonnenschein, keine Musik, keine schwarze Katze, kein geheimnisvolles Gesicht hinterm Fenster.« (François Truffaut: Mr. Hitchcock, wie haben Sie das gemacht? München 1973, Seite 250)

Die Schablone wird zunächst in ihre Einzelteile zerlegt, die Einzelteile werden in ihr Gegenteil verkehrt und wieder zu einer Szene zusammengesetzt:

finstere Nacht	wird	lichter Tag
Stadt		ödes Landwirtschaftsgebiet
Regen		Trockenheit
schemenhafter Mann		Mann, der mit Thornhill an der Haltestelle über die Hitze des Tages spricht
schwarzes Auto, das plötzlich erscheint		helles Flugzeug, das schon zu Beginn der Szene sichtbar und darüber hinaus Thema des Gesprächs ist

Derartige Schablonen sind kulturell erworbene Handlungszusammenhänge. Die formalistische Schule der russischen Literaturwissenschaft nennt solche eingeübten Kontexte *automatisierte Folien*: Handlungsfolgen, die oft ausgeführt werden, kristallisieren zur Gewohnheit und entziehen sich am Ende der bewußten Wahrnehmung. Wer jeden Tag in derselben Art aus demselben Auto steigt und es abschließt, ist sich spätestens in der Wohnung nicht mehr sicher, ob er den Wagen tatsächlich abgeschlossen hat. Hat man das Licht im Keller gelöscht und die Ofenplatte ausgeschaltet?

Der formalistischen Schule zufolge dient Literatur – wie Kunst überhaupt – dazu, alltägliche Vorgänge wieder ins Bewußtsein zu rücken, vernehmbar zu machen. Dazu muß die automatisierte Folie durch eine Neuigkeit, ein Novum, gebrochen werden.

Freilich strahlt das Novum erst vor dem Hintergrund des eigentlich Erwarteten, des Normalen in seiner vollen

Aus: Alfred Hitchcock: North by Northwest/Der unsichtbare Dritte (USA 1959)
© The Kobal Collection, London.

Leuchtkraft auf. Zum rechten Umgang mit dem ästhetischen Schematismus gehört es also auch, sich wie Hitchcock eine Schablone als solche klarzumachen.

Je eingeschliffener eine Handlung selbst oder ihre Darstellung ist, desto ertragreicher wird es, von ihr abzuweichen. Noch einmal Hitchcock, diesmal zur US-amerikanischen Konvention des ersten (Film-) Kusses:

»Ich glaube, mit Liebesszenen kann man viel machen. Im allgemeinen werden der Mann und die Frau einfach aneinandergeklatscht, aber es wäre bestimmt interessant, einmal das Gegenteil zu versuchen und sie an die äußersten Enden eines Zimmers zu plazieren. (...) Damit daraus eine Liebesszene würde, müßten die beiden sich einander zeigen, und das ergäbe dann ein Beispiel von reinem Exhibitionismus. Eigentlich müßte der Mann seinen Hosenschlitz aufknöpfen und das Mädchen ihm gegenüber den Rock hochheben. Der Dialog müßte natürlich kontrapunktisch dagegen gesetzt sein. Sie müßte vom Regen sprechen, vom schönen Wetter oder vielleicht sagen: ›Was essen wir heute abend?‹« (Truffaut: Mr. Hitchcock, wie haben Sie das gemacht?, Seite 256)

In diesem Fall würde nicht nur die Schablone von Grund auf renoviert – deutliche sexuelle Vorbereitung anstelle des Darstellungskürzels »Kuß« –, auch der Dialog weicht von der Norm ab, die in derlei Situationen Liebesbeteuerung, allenfalls Anfeuerung verlangt.

Freilich bedarf ein derartiges Vorgehen einiger Vertrautheit mit der Geschichte der Schablone, das heißt mit den Vorarbeiten vieler Kollegen, die über Jahrzehnte, wenn nicht über Jahrhunderte an der Ausformulierung eines Klischees gearbeitet haben. Das Neue entsteht nicht dank Musenkuß (oder durch ein Rocklüpfen der Muse), sondern in Anbetracht und Revision des literarisch Hergebrachten.

Gemeinplätze meiden

Tschechov fordert seinen Bruder, der sich gerade mit dem Plan für eine Erzählung »Die Stadt der Zukunft« trägt, auf: »Gemeinplätze der Art: ›Die untergehende Sonne, die sich in den Wellen des dunkelnden Meeres badete, verströmte purpurnes Gold‹ usw. ›Die Schwalben, die über die Oberfläche dahinflogen, zwitscherten fröhlich‹ – solche Gemeinplätze muß man bleibenlassen.« (Brief Nr. 49) Gerade die »Stadt der Zukunft« verlange nach »äußerster Kürze«, »Kühnheit und Originalität«, Vermeidung des »Klischees«. Sie wurde dann übrigens gar nicht geschrieben.

Gemeinplätze also ganz meiden? Nein: aus der Ferne besichtigen. Gustave Flaubert sammelte seit seinem zwanzigsten Lebensjahr die Gemeinplätze seiner Sprach- und Kulturgemeinschaft. Ursprünglich als Abschnitt der »Copie«, des zweiten Teiles seines Werkes »Bouvard et Pécuchet«, gedacht, wurde diese Sammlung »all dessen, was allgemein für richtig gilt« (Gustave Flaubert: Das Wörterbuch der Gemeinplätze. Zürich 1998, Seite 151), unter dem Titel »Dictionnaire des idées reçues« veröffentlicht. »Wie begegnet der Schriftsteller der Dummheit eines Zeitalters? Das ist eine zentrale Frage«, bemerkt Julian Barnes in seinem Nachwort zur deutschen Ausgabe des »Wörterbuch der Gemeinplätze« (Seite 151).

»Negerin« war eines von Flauberts ersten Fundstücken: »Heißblütiger als Weiße (vgl. *Blondinen* und *Brünette*).« »Blondinen. Heißblütiger als Brünette.« »Brünette. Heißblütiger als Blondinen.« »Deutsche. Volk von Träumern (veraltet).« »Engländer. Alle reich.« »Engländerinnen. Sich darüber wundern, daß sie so hübsche Kinder haben. – Die alten Engländerinnen sind immer häßlich.«

Wir alle, die an den Lippen der Sportkommentatoren hängen, können Aussprüche wie »durch einen Konter kalt erwischt«, »nutzten die konditionelle Schwäche des Gegners gnadenlos aus« (ja welche sonst: die eigene?) oder »die Ausreißer wurden vom Feld gestellt« mittlerweile mitsingen. Wie erfrischend und grüblerisch klingt dagegen der Ausspruch aus Sportjournalistenmund: »Erik Zabel – erst fiel er vom Rad, dann hatte er auch noch Pech«, der uns nahelegt, jenen dem persönlichen Pech vorhergehenden Sturz des Telekom-Tramplers auf der Tour durch Frankreich 1999 als: ja was: Scherz? tollkühnen Trick? lustige Showeinlage? zu verstehen.

Gemeinplätze sind Teil der uns umgebenden Sprachwelt. Sie ermöglichen Äußerung auch dort, wo – wie bei den Journalisten, die zu abgefilmten Leibesertüchtigung Stellung nehmen müssen – semantischer Leerlauf kaum zu vermeiden ist. So werden sie für die Literatur doch wieder verwertbar: als orts- und zeittypische Art nichtssagender Rede, als charakteristisches Schweigen im Plauderton.

Kontrapunkt Pointe

In Otto A. Böhmers Roman »Das Jesuitenschlößchen« (1985) wimmelt es von Konventionalszenen mit einem kontrapunktischen Dreh. Das Ergebnis dieser Verdrehungen ist die Pointe. Bei einem Vorstellungsgespräch, in dem sich Hölzenbein, der Ich-Erzähler des Romans, um den Vorsitz einer »Johann-Philipp-Hobbemaar-Stiftung« bemüht, die sich »die Aufgabe gestellt hat, die Literatur im allgemeinen und den literarischen Nachwuchs im besonderen zu fördern«, kommt es zu folgenden Ausführungen:

»Wen würden Sie denn fördern, fragte Herr Dr. Czibuleit (...). Stellen Sie doch einfach einen Antrag, sagte ich. Ich werde ihn wohlwollend ablegen. Sie werden von mir hören, und alles weitere wird sich schon geben.

Sie haben meine Frage noch nicht beantwortet, sagte Herr Czibuleit. (...) Haben Sie literarisch-künstlerische Vorlieben, sind Sie einseitig oder vielseitig. Die Vielfalt der ästhetischen Verwirklichung.

Jaja, sagte ich. Davon hört man immer wieder. Ich bin einseitig einsichtig. Am liebsten würde ich nur mich selber fördern, was nicht nur von außerordentlichem Qualitätsbewußtsein zeugt, sondern auch von ausgewogenem ökonomischem Verantwortungsgefühl.«

(Otto A. Böhmer: Das Jesuitenschlößchen. Frankfurt am Main 1987, Seite 62f.)

Zu jedem Punkt eines ordentlichen Vorstellungsgesprächs setzt Hölzenbein seinen Kontrapunkt. Wo Höflichkeit gegenüber den Inquisiteuren und generelle Auskunftswilligkeit erwartet wird, beleidigt er; Fragen läßt er unbeantwortet oder parodiert sie; er schlägt die Rolle eines Bewerbers aus und spielt statt dessen den Stelleninhaber, der zugleich den Grundgedanken der engagierten Stiftung auf den Kopf stellt.

Die Humorwissenschaftler Victor Raskin und Salvatore Attardo haben herausgefunden, daß Erzählabschlüsse nur dann als Pointen zünden, wenn sie in »Skriptopposition« zur Vorgeschichte stehen: Die Vorgeschichte stellt ein Ende in Aussicht, das die Pointe kontrapunktiert.

Humor dieser Art – den man in der Filmgeschichte beispielsweise von den *Marx Brothers* kennt – wird häufig »anarchisch« genannt. Das ist nur bedingt zutreffend: Wenn auch die Figuren wie nach unverhoffter Eingebung handeln, sollte man den Autoren, die ihre Figuren in klischierte Situationen führen, die Identifikation des Schablonesken und die genau kalkulierten Verhaltensabweichungen als Beherrschung ihres Fachs anerkennen. In einer Szene ihres Filmes »Monkey Business« (Die Marx

Brothers auf See, USA 1935; Regie: Norman McLeod) haben die *Marx Brothers* einen Disput mit dem Kapitän. Dieser verlangt von Groucho Marx die weißen Kapitänshandschuhe zurück, die Groucho an sich gebracht hat; Groucho hält sie ihm hin, der Kapitän greift nach ihnen, da zieht sie Groucho mit den Worten zurück: »Sie würden sie glatt nehmen!« Der Kapitän ist perplex: Die sorgfältig kultivierte Ordnung sozialer Verhaltensmuster wankt, die autoritäre Direktive läuft ins Leere, das Selbstverständliche – »Sie würden sie glatt nehmen!« – wird zum Gegenstand der Empörung. Die *Marx Brothers*, erklärt Georg Seeßlen, »verwandeln« in sich stimmige, selbstgenügsame Gefüge wie den Ozeandampfer, das Kaufhaus, die Oper oder die Armee »in ein Chaos, in dem ungeahnte Energien, nicht nur bei den Marx Brothers selber, frei werden und in dem ungeheuerliche Dinge gesagt werden können.« (Georg Seeßlen: Klassiker der Filmkomik. Reinbek bei Hamburg 1982, Seite 64) Wer Chaos stiften will – der Saboteur, der Humorist, der Satiriker –, muß das Regelwerk kennen, das ihm zum Opfer fallen soll. Der Chaot ist Ordnungswissenschaftler.

Der fremde Blick

Das Wort »Blick« bedeutet ursprünglich ein »Aufleuchten«, einen »hellen Lichtstrahl«, »Blitz« – der Blick erhellt die Szene schlagartig. Geradezu bengalisch beleuchtet wirkt, was in den Blick des unbeteiligten, weil fremden Betrachters gerät. Leo Tolstoi hat diesen fremden Blick in seinen Romanen und Erzählungen häufig eingesetzt. Im folgenden Beispiel aus »Krieg und Frieden« (1868/69) wird auf unvertraute Weise eine Theateraufführung wahrgenommen, bleiben Regelsystem und gesellschaftliche Konventionen außer acht:

»Auf der Bühne waren in der Mitte glatte Bretter, an deren Seiten standen gemalte Bilder, die Bäume darstellten, hinten war auf Bretter Tuch gespannt. In der Mitte saßen junge Mädchen in roten Miedern und weißen Röcken. Eine, die sehr dick war und ein weißes Seidenkleid anhatte, saß für sich auf einem niedrigen Bänkchen, an das von hinten ein grüner Karton angeklebt war. Alle sangen etwas. Als sie mit dem Lied fertig waren, ging das junge Mädchen in Weiß zum Souffleurkasten, und zu ihr trat ein Mann in prall sitzenden Seidenhosen an den dicken Beinen, mit einer Feder, und fing an zu singen und die Arme auszubreiten. Der Mann mit den enganliegenden Hosen sang eine Weile, dann sang sie eine Weile. Dann schwiegen beide, die Musik erdröhnte, und der Mann fing an, mit seinen Fingern an der Hand des jungen Mädchens im weißen Kleid herumzudrücken und wartete offenbar darauf, seine Partie zusammen mit ihr anzufangen. Sie sangen eine Weile zu zweit, und alle im Theater fingen an zu klatschen und zu schreien, und die Männer und Frauen auf der Bühne, die Verliebte darstellten, fingen an sich lächelnd und mit ausgebreiteten Armen zu verbeugen.« (Zitiert nach Šklovskij in: Striedter: Russischer Formalismus, Seite 21)

Kunst, sagt der Kunsttheoretiker Victor Šklovskij, ist ein Bündel von Verfahren, die alltägliche Sicht der Dinge zu verfremden, um »das Empfinden des Lebens wiederherzustellen, um die Dinge zu fühlen, um den Stein steinern zu machen.« (Ebenda)

Mit Rand schreiben

Eines Tages, Ende der 70er Jahre des 20. Jahrhunderts, hatte ich mich bei meinen Großeltern eingeladen, die eine alte Musiktruhe besaßen, in welcher der Schallplattenspieler wahlweise mit 16, 33, 45 oder 78 Umdrehungen lief. Die 78er brauchte man, wenn man Schellack-Platten hören wollte.

Mein Großvater hieß Symphorian und war sehr stolz auf seinen Namen. Im Weltkrieg hatte er als Nichtschwimmer auf einem deutschen Schiff dienen müssen, das zwischen Frankreich und England patrouillierte. Als sein Schiff angegriffen wurde, verlor er beide Beine. Er mußte umschulen; von Haus aus Melker, wurde er nun Buchbinder, arbeitete später in der Stadtbücherei, band Bücher und bewahrte so meine Perry-Rhodan-Sammlung vor dem vorzeitigen Zerfall. Außerdem beteiligte er sich nach Kräften am Auf- und Ausbau meiner eigenen Jugendbibliothek, finanzierte den Ankauf von Superman- und Batman-Heften, kompletten Jahrgängen Fix-und-Foxi, Science-fiction-Taschenbüchern, ja ganzen Serien von Zukunftsliteratur.

An diesem Tag wollte ich einige Schellackplatten überspielen, die auf meinem neuen Plattenspieler nicht liefen. Der Cassettenrecorder wurde aufgestellt und eingeschaltet, und da kein Diodenstecker paßte, wurde über Mikrophon aufgenommen: »Der weiße Mond von Maratonga« von Lolita (Orchester Werner Scharfenberger), »Ich möchte auf deiner Hochzeit tanzen« von Bully Buhlan (mit dem RIAS-Tanzorchester), »Domani« von Vico Torriani, »Wenn abends die Heide träumt« aus dem gleichnamigen Apollo-Film, vorgetragen von Willy Schneider im Baß-Bariton.

Meine Nichte Steffi war auch dabei, sie muß damals drei oder vier Jahre alt gewesen sein, und plauderte munter dazwischen. Unser Opa rief sie ab und an zur Ruhe, manchmal aber sang oder pfiff er selbst die Lieder leise mit.

Nach dem Tod meiner Großeltern habe ich die Musiktruhe mit den Schellackplatten an mich genommen; auch die Tonbandcassette mit den ausgewählten Stücken besitze ich noch. Ich werde sie auch nie löschen, denn neben den Walzern, Tangos und Foxtrotts der Vorzeit hat sie die Stimme meines Großvaters bewahrt.

Wahrscheinlich können wir aus unserer Gegenwart heraus nie kalkulieren, was an unseren Aufnahmen, an unseren Filmen, Fotos und Texten einmal Interesse finden wird, Fremdes oder Eigenes. Aber aus der Erfahrung heraus, daß uns oft der Randbereich des Bildes mehr begeistert als das, was der Maler in seinen Mittelpunkt zu rücken suchte, sollten wir darauf achten, daß Texte einen Rand haben, um dem, was wir für Randerscheinungen halten, Raum zu geben. Als sich zu Beginn der 80er Jahre des 20. Jahrhunderts die Umweltschutzbewegung formierte, gab es für mich keinen überzeugenderen Beweis für die unbedingte Notwendigkeit von Umweltschutz als das Betrachten von Heimatfilmen aus den 50er Jahren. Diese Kunstwerke entpuppten sich als wundersame Fundgrube: »Heidi« zeigte eben nicht nur Heidi und das Peterle (die, ich gebe es heute zu, auch an sich schon großartig sind), sondern die staunenswerte Welt der Alpen, bevor wir mit ihr Schindluder getrieben hatten. Wenn abends die Heide träumte, dann offenbar doch auch von einer anderen Welt als der unseren.

Das utopische Element der Kunst wie auch seine museale Funktion, Gedächtnis zu sein, wohnt wenigstens so sehr im Randbezirk der einzelnen Werke wie in ihrem Zentrum.

Durch das Objektiv der Zeit

Im Heft Nr. 30 der Zeitschrift MAD wurde die Parodie des amerikanischen Magazins »Reader's Digest« mit den Worten eingeleitet: »Diesmal bringen wir Ihnen die kürzeste Fassung des weltbekannten Klassikers, die jemals veröffentlicht wurde. Unsere Redaktion kürzte den Roman um genau 623 Seiten in der weisen Annahme, daß Sie sowieso niemals eine Schwarte von 624 Seiten lesen würden« – der gekürzte Roman: »Vom Winde verweht«.

»Es sieht nach Krieg aus, Miß Scarlett«, meinten die Tarleton-Zwillinge.

»Na sowas!« sagte Scarlett O'Hara.

BUMM!

»Gott sei Dank! Dieser blutige Krieg ist jetzt vorbei!« sagte Rhett Butler. »Willst du mich heiraten, Scarlett?«

»Nein!«

»Na schön, vielleicht kommen wir später darauf zurück.«

»Ashley«, bekannte Scarlett, »ich liebe dich!«

»Aber ich bin doch mit Melanie verheiratet!« antwortete er. »Außerdem haben wir einen Krieg zu gewinnen!«

»Unsinn«, sagte Scarlett. »Der Krieg war schon nach Na sowas! und Bumm vorbei!«

»He, du hast also Frank Kennedy geheiratet!« stieß Rhett hervor.

»Ja, aber er starb«, meinte Scarlett.

»Wie die Zeit vergeht«, murmelte Rhett.

»Ich brauche dich, Rhett!«

»Tut mir leid, Scarlett. Aber mit unserer Ehe klappt es nicht. Außerdem haben wir einen Krieg zu gewinnen!«

»Dummkopf! Der Bürgerkrieg war doch schon nach Na sowas! und Bumm vorbei!«

»Was faselst du vom Bürgerkrieg, Mädchen?«

brummte Rhett. »Die Zeit vergeht schneller als du denkst. Ich meine natürlich den Ersten Weltkrieg!«

(MAD Nr. 30, Aachen 1967, Seite 34)

Die literarische Zeit ähnelt einer Kamera mit tricktechnischen Raffinessen. In der MAD-Version des Südstaaten-Epos wird die Handlung so sehr gerafft, daß sie endlich das Bewußtsein der Figuren überholt (»Die Zeit vergeht schneller als du denkst«). Handlungen und Ereignisse erscheinen minimiert wie die Einzelheiten einer Landschaft im Überflug. Patricia Highsmith betont, daß derartig summarisches Erzählen nicht unbedingt seicht wirken muß, sondern im Gegenteil einen effektvollen Hintergrund für das in Echtzeit wiedergegebene, nun vergrößert wirkende Detail abgeben kann: »Auch beim Dialog ist der Anfänger geneigt, jedes Wort festzuhalten. Oft läßt sich das Wesentliche eines 40zeiligen Gesprächs in dreien wiedergeben. Dialog ist etwas Dramatisches und sollte spärlich verwendet werden, weil die Wirkung dann um so dramatischer ist. Eine eheliche Zänkerei in einem Buch kann zusammengefaßt werden: ›Howard weigerte sich einzulenken, obgleich sie eine volle Stunde auf ihn einredete. Schließlich gab sie es auf.‹ Danach könnte man noch eine einzige Aussage in einem besonderen Absatz einfügen, wie etwa: ›Du hast deinen Willen immer durchgesetzt‹, sagte Jane, ›also kannst du diesen weiteren Sieg auch noch verbuchen.‹« (Highsmith: Suspense, Seite 66)

Minutiöse Beschreibungen eines Geschehens von wenigen Augenblicken dagegen erwecken den Eindruck einer Zeitlupe. Hierhin gehören die Exerzitien eines Thomas Mann, in umständlich-kapriziöser Weise das Sich-auf-einen-Stuhl-Niederlassen einer Frau zu schildern, genausogut wie der Einfall Ernst Augustins, in seinem Roman »Der amerikanische Traum« (1989) erzählerisch einzugreifen, als seine Hauptfigur, ein Kind, kurz vor Ende des Krieges auf einer Landstraße völlig sinnlos von amerikanischen Jagdfliegern erschossen wird:

»Der kleine Junge starb. (...) So geht das doch nicht. Ich

bin aufgestanden und habe die Hand gehoben, ja das gibt es, ich kann aufstehen und die Hand heben, und ich sage: Ich akzeptiere das nicht. (...) Dort liegt er, halb im Graben, seine Beine liegen etwas höher und sind seltsam verwinkelt, er liegt auf dem Rücken, und hinter ihm steht ein Baum, ein Ahorn, den kann er nicht mehr sehen, aber er sieht das Fahrrad über sich, das sich immer noch dreht – das vordere Rad dreht sich –, und das ergibt einen Zeitablauf, ein paar sinnlose Sekunden, die noch übrigbleiben, die aber ungeheuer wichtig sind: Das Gras weht ganz langsam, es steht hoch im Graben, und dort bewegt es sich wie im Wasser fließend. Der Graben, ja der Graben ist wichtig, der riecht gerade in diesem Augenblick übermäßig stark und grün. Jede Einzelheit ist wichtig. Der Sonneneinfall, der Schatten, der genau bis zu den Füßen des kleinen Jungen reicht. Genau bis hierhin – – – und auch nicht weiter. Denn so muß es festgehalten werden.« (Ernst Augustin: Der amerikanische Traum. Frankfurt am Main 1989, Seite 23f.) Und der Erzähler suspendiert den Drehimpuls und stiftet dem sterbenden Kind ein geträumtes, abenteuerlich-phantastisches Leben in der Zwischenzeit. Danach erst setzt er das Rad wieder in Gang und läßt es auslaufen.

Literarische Mikroskopie

»In der Geschichte, die hier erzählt werden soll, passiert nicht viel, und damit fügt sie sich ein in andere Geschichten, die in unserer Zeit erzählt werden, denn auch in diesen geschieht nicht viel«, verspricht zu Beginn von Otto A. Böhmers Roman »Der Wunsch zu bleiben« (1985) der

Erzähler seinen Lesern. »Es scheint so, als ob unsere Zeit für Geschichten nicht mehr viel hergibt; große Ereignisse finden hinter unserem Rücken statt und erscheinen dann, für uns zurechtgemacht, auf dem Bildschirm oder der Titelseite der Zeitung. (...) Und doch kann man nicht sagen, daß unser Alltag etwa ereignislos dahinplätschert; es passiert durchaus etwas, und was wir an täglichen Ereignissen vermelden können, hat seinen eigenen Reiz. Die Abenteuer des Alltags sind von eher zierlicher Gestalt (...). In den alltäglichen Ereignissen durchqueren wir keine Wüsten, nehmen wir an keiner Verfolgungsjagd teil, kämpfen wir nicht mit einem Riesenhai vor einem Korallenriff oder werden gar zu Marschalls von Dodge City ernannt, sondern wir haben es mit kleinen Erlebnissen zu tun, die uns herausfordern und nach einer Antwort verlangen, ohne unsere alltägliche Vorstellungswelt so durcheinanderzubringen, daß wir ganz und gar verwirrt würden.

Intensivere dieser Erlebnisse allerdings können uns zuweilen aus der Bahn werfen, und der Alltag erscheint uns dann gar nicht mehr als Alltag.« (Otto A. Böhmer: Der Wunsch zu bleiben. Frankfurt am Main 1985, Seite 9f.)

Unglücksfälle, Verliebtheiten und ähnliche Widerfahrnisse von gleichem Rang seien Privatsensationen, die diesen alltagsverrückenden Effekt ausüben. Alltägliche Dinge und Verrichtungen gewinnen einen anderen Anschein, eine neue Wahrnehmbarkeit, eine neue Ästhetik, die die vorher kaum mehr beachteten Details des Lebens verwunderlicher dastehen läßt als manche Moritat der großen Medien.

Schon Schopenhauer riet bekanntlich, der Dichter möge keine großen Vorfälle erzählen, sondern kleine Ereignisse interessant machen; und Schopenhauer dürfte der Biedermeierei unverdächtig sein.

Die sprachliche Mikroskopie ist zunächst nichts anderes als die Revision eines Vertrauten durch das Vergrößerungsglas ungewöhnlicher Umstände. Wie Böhmer schreibt, muß dazu der Konsens zwischen dem Betrachter und seinen Gegenständen erschüttert sein. Dies kann durch eine von außen eintreffende Neuigkeit geschehen, kann aber auch verursacht werden durch eine Figur, die privat eine eher zwielichtige Beziehung mit den Konventionen unterhält.

Vor einiger Zeit ging ich mit meinem Freund Ralf ins Kino, hernach zur Besprechung des Films in eine Eisdiele. Ich fragte ihn: »Ein ergreifender Film, oder?« – »Ja«, sagte er, »ich bin ganz ergriffen. Andererseits heule ich ja schon bei der Camel-Reklame los.«

Wer sich nicht erst vom Hauptfilm, sondern bereits von der Camel-Reklame ergreifen läßt, stürzt die Hierarchie der Ereignisse, die der Hauptattraktion allein die Fähigkeit zur emotionalen Aufwühlung vorbehält. Es sind oft Kabarettisten, die für eine derartige Verschiebung der Relationen ein besonderes Faible beweisen. Auch das Mikroskop ist in gewisser Weise ein Zerrspiegel.

Vermischtes über Schatten

Daß der Schatten ein Konstruktionselement für optische Effekte sein kann, ist schon Goethe geläufig gewesen. In einem Gespräch mit Eckermann legt Goethe diesem am 18. April 1827 den Stich einer Landschaft von Rubens vor und fragt Eckermann, was er darauf sehe. Eckermann erledigt seine Bildbeschreibung, zählt ein Dorf und eine Stadt vor einem sehr hellen Himmel, »wie eben nach dem Sonnenuntergang«, auf, Schafe und Heuwagen, grasende Pferde, Bäume, nach Hause gehende Arbeiter.

»›Gut‹, sagte Goethe, ›das wäre alles. Aber die Hauptsache fehlt noch. Alle diese Dinge, die wir dargestellt sehen: (...) von welcher Seite sind sie beleuchtet?‹

›Sie haben das Licht‹, sagte ich, ›auf der uns zugekehrten Seite und werfen die Schatten in das Bild hinein. Besonders die nach Hause gehenden Feldarbeiter im Vordergrunde sind sehr im Hellen, welches einen trefflichen Effekt tut.‹

›Wodurch hat Rubens diese schöne Wirkung hervorgerufen?‹

›Dadurch‹, antwortete ich, ›daß er diese hellen Figuren auf einem dunkelen Grund erscheinen läßt.‹

›Aber dieser dunkele Grund‹, erwiderte Goethe, ›wodurch entsteht er?‹

›Es ist der mächtige Schatten‹, sagte ich, ›den die Baumgruppe den Figuren entgegenwirft. – Aber wie‹, fuhr ich mit Überraschung fort, ›die Figuren werfen die Schatten in das Bild hinein, die Baumgruppe dagegen wirft den Schatten dem Beschauer entgegen! – Da haben wir ja das Licht von zwei entgegengesetzten Seiten, welches aber gegen alle Natur ist!‹

›Das ist eben der Punkt‹, erwiderte Goethe mit einigem Lächeln. ›Das ist es, wodurch Rubens sich groß erweiset und an den Tag legt, daß er mit freiem Geist *über* der Natur steht und sie seinen höheren Zwecken gemäß traktiert. Das doppelte Licht ist allerdings gewaltsam, und Sie können immerhin sagen, es sei gegen die Natur. Allein wenn es gegen die Natur ist, so sage ich zugleich, es sei der kühne Griff des Meisters, wodurch er auf geniale Weise an den Tag legt, daß die Kunst der natürlichen Notwendigkeit nicht unterworfen ist, sondern ihre eigenen Gesetze hat.‹« (Eckermann: Gespräche mit Goethe, Seite 577f.)

Goethe hat in Rubens' Bild eine künstliche Beleuchtung entdeckt, eine malerische Technik, Figuren ins Licht zu rücken, gegen einen dunklen Hintergrund abzuheben. Schon umgangssprachlich übersetzen wir das soziale Rollenspiel in Licht-und-Schatten-Metaphorik: Wir kennen leuchtende Vorbilder, strahlende Sieger, wir legen, wie

Goethe selbst in diesem Beispiel, Dinge, die wir beweisen wollen, an den Tag, lassen den Staatsanwalt einschreiten, wenn Verdunkelungsgefahr vorliegt, vorzugsweise durch dunkle Gestalten mit finsteren Plänen. Analog darf hier die Terminologie bildender Kunst übersetzt werden in den literarischen Bereich:

Figuren lassen sich auch erzählerisch doppelt beleuchten, etwa wenn sie aus wenigstens zwei Perspektiven betrachtet, von zwei verschiedenen Figuren geschildert werden. Besonders in Krimis wird diese Technik der mehrfachen Figurenbelichtung eingesetzt, werden Zeugen aufgerufen, die eine Figur – den Vermißten, das Opfer, den Täter – mosaikartig charakterisieren.

Figuren leuchten vor dunklen Hintergründen auf: Albert Camus' Arzt Dr. Rieux braucht die »Pest« (1947), die in der nordafrikanischen Stadt Oran wütet, um zu demonstrieren, »was man hatte vollbringen müssen und was ohne Zweifel noch alle jene Menschen vollbringen müssen, die trotz ihrer inneren Zerrissenheit gegen die Herrschaft des Schreckens und seine unermüdliche Waffe ankämpfen, die Heimsuchung nicht anerkennen wollen, keine Heiligen sein können und sich dennoch bemühen, Ärzte zu sein«. (Albert Camus: Die Pest. Reinbek bei Hamburg 1974, Seite 182)

Hölderlin bemerkt in Sachen Schatten in einem Brief an Neuffer vom 12. November 1798 selbstkritisch:

»Es fehlt mir weniger an Kraft als an Leichtigkeit, weniger an Ideen als an Nuancen, weniger an einem Hauptton als an mannigfach geordneten Tönen, weniger an Licht wie an Schatten, und das alles aus *einem* Grunde: Ich scheue das Gemeine und Gewöhnliche im wirklichen Leben sehr. (...) Ich muß sie«, das heißt die Dinge, die auf ihn zerstörend wirken, »als Schatten zu meinem Lichte aufstellen (...). Das Reine kann sich nur darstellen im Unreinen, und versuchst du das Edle zu geben ohne Gemeines, so wird es als das Allerunnatürlichste, Ungereimteste dastehn, und zwar darum, weil das Edle selber, so wie es zur Äußerung kömmt, die Farbe des Schicksals trägt, unter dem es entstand, weil das Schöne, so wie es sich in der Wirklichkeit darstellt, von den Umständen, unter denen es hervorgeht, notwendig eine Form annimmt, die ihm nicht natürlich ist und die nur dadurch zur natürlichen Form wird, daß man eben die Umstände, die ihm notwendig diese Form gaben, hinzunimmt. So ist z.B. der Charakter des Brutus ein höchst unnatürlicher, widersinniger Charakter, wenn man ihn nicht mitten unter den Umständen sieht, die seinem *sanften* Geiste diese *strenge* Form aufnötigen. Also ohne Gemeines kann nichts Edles dargestellt werden; und so will ich mir immer sagen, wenn mir Gemeines in der Welt aufstößt: Du brauchst es notwendig wie der Töpfer den Leimen, und darum nehm es immer auf und stoß es nicht von dir und scheue nicht dran.« (Hölderlin: Sämtliche Werke. Band II. München 1970, Seite 782f.)

Aber auch im nicht-übertragenen Sinn spielen Schatten ihre literarische Rolle, erlauben beispielsweise ein Schattenspiel, wie es Peter Weiss in »Der Schatten des Körpers des Kutschers« (1960) inszeniert:

Quelle: Peter Paul Rubens: Heimkehr von der Ernte. Um 1635. Aus: Martin Warnke: Peter Paul Rubens. Leben und Werk. Köln (DuMont Buchverlag) 1977.

An dem »Abend, an dem der Kutscher (...) der Haushälterin (...) in die Küche folgte und dort mit ihr, was ich, mich aus dem Fenster lehnend und die Nachtluft einsaugend, an den durch das Fenster auf den Hof fallenden Schatten sah, blieb. Die Schatten wurden, wie ich berechnete, von der Lichtquelle der in der Mitte der Küche befindlichen Lampe geworfen (...). Nun legte sich der Schatten des Kutschers, niedrig aus der Tiefe der Küche hervortretend, und über den Schatten der Tischkante, der in gleicher Höhe mit dem Schatten des Fensterbrettes lag, hinauswachsend, neben den Schatten der Haushälterin (...), worauf sich die Schattenmasse des Körpers der Haushälterin der Schattenmasse des Körpers des Kutschers näherte und mit ihr zusammenschmolz. (...) Die Schatten der Hände des Kutschers drängten sich in den Schatten des Rockes der Haushälterin ein, der Schatten des Rockes glitt zurück und der Schatten des Unterleibes des Kutschers wühlte sich in den Schatten der entblößten Schenkel der Haushälterin ein.« (Peter Weiss: Der Schatten des Körpers des Kutschers. Frankfurt am Main 1980, Seite 96–99)

Wie weit sich der Schatten von seinem Körper emanzipieren und als solcher Thema eines literarischen Textes werden kann, zeigt schließlich das alte Märchenmotiv von Schattenverlust und Schattenlosigkeit, das noch bei Adelbert von Chamisso in seiner Novelle »Peter Schlemihls wunderbare Geschichte« (1814) ebenso in Gebrauch ist wie in der Oper »Frau ohne Schatten« (1917) von Hugo von Hofmannsthal und Richard Strauss: Diese Oper handelt davon, wie die Kaiserin eines fernöstlich-märchenhaften Landes, Tochter des Geisterkönigs Keikobad, von ihrem Vater aufgefordert wird, sich binnen drei Tagen einen Schatten zu verschaffen, das heißt Mensch zu werden, andernfalls würde ihr Gatte, ein Irdischer, in Stein verwandelt. Chamissos Novelle erzählt, wie Peter Schlemihl seinen Schatten dem Satan verkauft, worauf sich alle Menschen von ihm, dem schattenlosen Peter, abwenden: Ohne Schatten kein Menschenleib.

Schublade; Schluß
(darin: In Bed with Woody Allen)

So hat am Ende jeder Künstler seine Eigenart.

In der Highschool hegte Woody Allen noch den Wunsch, Falschspieler zu werden, und übte fleißig. Heute pokert er, und das nicht schlecht. Er spielt um hohe Summen; von den Gewinnen kaufte er unter anderem ein Gemälde und eine Zeichnung von Oskar Kokoschka und ein Aquarell von Emil Nolde.

Allen liebt Zauberei; in den frühen 50er Jahren hatte er die Zauberzeitschrift »Genii« abonniert.

Sein Arbeitsauftrag in Sachen Drehbuch für »What's new, Pussycat?« (Was gibt's Neues, Pussy?, GB 1965; Regie: Clive Donner) lautete, »etwas zu schreiben, das uns allen die Möglichkeit gibt, nach Paris zu reisen und den Mädchen nachzustellen«. In Paris trifft er dann, in einem Café, Samuel Beckett.

»Woody schreibt seine Geschichten mit winzigen, präzisen Buchstaben auf einen Notizblock, wobei er auf seinem Bett liegt. Sein Bleistift und seine Nase sind an den Notizblock gepreßt, während er Wörter streicht und hinzufügt und den Text mit Hilfe von Pfeilen, Querstrichen und Randbemerkungen ummodelt.« (Eric Lax: Woody Allen. Eine Biographie. Köln 1992, Seite 227)

»Alle zwei Stunden legt er eine Pause ein, um auf seiner Klarinette zu üben oder einen Spaziergang zu machen, und kehrt dann an die Arbeit zurück.« (Ebenda)

Wenn es beim Schreiben ein Problem gibt, formuliert er es mit lauter Stimme: »Dadurch verläßt es das Reich der Phantasie, es wird konkret.« (Seite 228)

Selten beendet er einen Film, bevor er den nächsten beginnt.

Thema Publikum: »Die Vision des Publikums ist nie so stark wie die Vision des beteiligten Künstlers. Die Zuschauer sind immer bereit, sich mit weniger zufriedenzugeben als du selbst.« (Seite 368)

»Er schreibt gern und ist dankbar für jede Chance, mit dieser Beschäftigung einen Tag zu Hause zu verbringen: ›Sogar an einem Film ist das die vergnüglichste Arbeit. Tennessee Williams sagte einmal: ‚Es ist nervtötend, ein Stück auf die Bühne zu bringen. Am schönsten wäre es, sie nur zu schreiben und dann in eine Schublade zu werfen.' Das ist auch meine Meinung.‹« (Seite 226)

In »Manhattan« (USA 1978/79) läßt er Ike Davis verkünden: »Talent ist Glücksache. Ich glaub', das Wichtigste im Leben ist Mut.«

Wie man der Komödie ein Ende setzt: »Wenn's im Drehbuch an die letzte halbe Stunde geht, muß man immer komischer werden. (...) Man muß immer schneller machen und das Tempo ständig erhöhen und aufhören wie ein Haus, das lichterloh brennt.» (Eric Lax: Woody Allen. Wie ernst es ist, komisch zu sein. Reinbek bei Hamburg 1982, Seite 118)

IV
Details

Dinge, inspirierte

Der Science-fiction-Autor Ian M. Banks hat die von ihm erdachte galaxisumspannende Gemeinschaftszivilisation der »Kultur« mit ihren selbstbewußten Robotern und künstlichen Intelligenzen einmal folgendermaßen charakterisiert: »Die Kultur ist gewissermaßen die Summe ihrer Maschinen.« (Vergleiche hierzu: Ian Banks: Ein paar Anmerkungen zur KULTUR. In: Das Science Fiction Jahr. Ausgabe 1995, Hg.: Wolfgang Jeschke. München 1995, Seite 215–243) Grundsätzlich trifft dieses Urteil auf jede reale, gegenwärtige oder historische Kultur zu. Die Dinge umgeben uns nicht nur, sie sind in unsere Wahrnehmung und Interpretation der Welt eingedrungen und spiegeln unser Selbstverständnis.

In einem Kreis von literarisch Tätigen aller Altersstufen habe ich die Teilnehmer einmal gebeten, sich daran zu erinnern, wann sie das erstemal Licht gemacht haben, und diese Tätigkeit dann nachzuspielen. Die Jüngeren drückten mit der Spitze des Zeigefingers einen imaginären Knopf; die Älteren fingierten einen Drehschalter zwischen Zeige-, Mittelfinger und Daumen oder umschlossen mit der ganzen Hand eine in ihrer Vorstellung von der Decke herabhängende Schnur, um daran zu ziehen; die Älteste im Kreis vollführte eine komplizierte Operation:

»Ich nahm den Glassturz von der Lampe, stellte ihn auf den Tisch, drehte den Docht heraus, hielt das Zündholz an den Docht, löschte das Zündholz, drehte den Docht wieder herunter, setzte den Sturz wieder auf die Lampe und drehte den Docht hoch.« So machte man Licht mit einer Öllampe. Unsere Kulturtechnik hat eine zunehmende Ver-Fingerspitzung erfahren, nachspielbar an der großen Wäsche, dem Schreiben, der Bedienung von Musikgeräten.

Wie wir, so leben auch die Figuren in ihren Dingwelten. Diese ändern sich und können sich uns endlich fast verschließen. Wenn wir heute hören, etwas werde an die große Glocke gehängt, so denken wir dabei nicht mehr an den alten medientechnischen Brauch, öffentliche Bekanntmachungen durch Gemeindediener mit einer Schelle ausrufen zu lassen. Waren die Ankündigungen von besonderer Bedeutung, so wurden sie an die große Glocke gehängt, das heißt mit der Kirchenglocke für jedermann unüberhörbar ausgeläutet.

Dinge sind für die Figuren ebensowenig Requisit und Attrappe, wie sie es für uns sind. Figuren werden wie wir geprägt durch die Dinge, mit denen sie Umgang haben. Tatsächlich vermögen manche Dinge aus ihren Eigenschaften sogar ein fast personales Eigenleben mit Schrullen und Spleens zu entwickeln. In der Polizei-Wache der Krimi-Parodie »Kottan« trat eine Kaffeemaschine auf, die sich trotz Geldeinwurfes, vieler Tritte und Überredungsversuche durch den Abteilungsleiter bis zuletzt weigerte, diesem auch nur einen Becher Kaffee einzuschenken. Gerade in Komödien avancieren tückische Objekte zum Antagonisten der Hauptfiguren. In Loriots Spielfilm »Pappa ante Portas« (Deutschland 1991) versucht der frühpensionierte Held auf Bitten seiner Frau, eine Schnitzelmaschine zu zähmen, mit wenig Erfolg, obwohl er dazu fleißig aus der Gebrauchsanweisung zitiert, die hier wie überhaupt oft ein Quell der Heiterkeit ist. Kein Wunder, daß Menschen für die sie umgebenden Apparate Gefühle entwickeln, besonders, wenn an den Dingen Zeit und Erinnerung haftet. Hermann Lenz, der schwäbische Romancier, bekundet in seiner Rede zum Erhalt des Büchner-Preises 1978 sein »Interesse an alten Dingen, die im Antiquitätenladen oder im Museum zu besichtigen sind. Denken Sie zum Beispiel an das Wagscheit, das Ihr Großvater ein Leben lang benutzt hat, um seinen Gaul einzuspannen, oder an den Messingleuchter, der Ereignisse und Ratlosigkeit und Glücksgefühle widergespiegelt hat, die immer gegenwärtig zu sein scheinen, auch wenn heute niemand mehr etwas davon weiß.« (Hermann Lenz: Den Verfall hinauszögern. In: Büchner-Preis-Reden 1972–1983. Stuttgart 1984, Seite 121)

Es gibt eine Intimität zwischen Ding und Mensch – oder Ding und Figur –, einen Privatraum und Zwischenbereich, in dem die alten, vertrauten oder die emotional aufgeladenen neuen, erworbenen Dinge eine Qualität über ihre bloße Materialität hinaus gewinnen können. Dinge und ihre Beziehung zu den Besitzern bieten Stoff für ganze Erzählungen (wie ein Repetiergewehr in dem Western-Film »Winchester 73« [USA 1950; Regie: Anthony Mann] oder der Schlitten »Rosebud« in »Citizen Kane« [USA 1940; Regie: Orson Welles]). Sie identifizieren ihre Eigentümer (wie der Bogen den Odysseus als den einzigen Krieger, der ihn zu spannen weiß) oder charakterisieren sie: Der Monolog Faustens im engen gotischen Zimmer wendet sich einem Glasgefäß voller Gift zu, das angesprochen und ins Vertrauen gezogen wird, als wäre es ein beseeltes Gegenüber:

»Ich grüße dich, du einzige Phiole,
Die ich mit Andacht nun herunterhole!
In dir verehr ich Menschenwitz und Kunst.
Du Inbegriff der holden Schlummersäfte,
Du Auszug aller tödlich feinen Kräfte,
Erweise deinem Meister deine Gunst! (...)
Nun komm herab, kristallen reine Schale!
Hervor aus deinem alten Futterale,
An die ich viele Jahre nicht gedacht!
Du glänztest bei der Väter Freudenfeste,
Erheitertest die ernsten Gäste,
Wenn einer dich dem andern zugebracht.
Der vielen Bilder künstlich reiche Pracht,
Des Trinkers Pflicht, sie reimweis zu erklären,
Auf *einen* Zug die Höhlung auszuleeren,
Erinnert mich an manche Jugendnacht;
Ich werde jetzt dich keinem Nachbarn reichen,
Ich werde meinen Witz an deiner Kunst nicht zeigen;
Hier ist ein Saft, der eilig trunken macht;
Mit brauner Flut erfüllt er deine Höhle.«
(Goethe, Faust, Erster Teil, Vers 690–733)

Die Phiole weckt die Erinnerung an vergangene soziale Praktiken und psychische Befindlichkeiten und wird zum Ansprechpartner für die Abschiedsrede, ein durch den früheren Gebrauch einzigartig gewordener, belebter und beseelter Gegenstand.

Fauna, Fabel-, Zwischenwesen

Zu Beginn seines sechsten Oktavheftes findet Franz Kafka ein Überraschungsei. Er schneidet es auf, und hervor »sprang ein storchartiger, noch federloser, mit zu kurzen Flügeln die Luft schlagender Vogel. ›Was willst du in unserer Welt?‹ hatte ich Lust zu fragen, hockte mich vor den Vogel nieder und sah (...) ihn scharf an, ob ihm vielleicht seine Essenswünsche von außen abzulesen wären. ›Kommt er‹, fiel mir dann ein, ›aus der Familie der Störche, dann werden ihm gewiß Fische lieb sein. Nun, ich bin bereit, sogar Fische ihm zu verschaffen. Allerdings nicht umsonst.‹ (...) Sofort holte ich Papier und Tinte, tauchte des Vogels Schnabel ein und schrieb, ohne daß mir vom Vogel irgendein Widerstand entgegengesetzt worden wäre, folgendes: ›Ich, storchartiger Vogel, verpflichte mich für den Fall, daß du mich mit Fischen, Fröschen und Würmern (...) bis zum Flüggewerden nährst, dich auf meinem Rücken in die südlichen Länder zu tragen.‹ Dann wischte ich den Schnabel rein und hielt dem Vogel nochmals das Papier vor Augen, ehe ich es zusammenfaltete und in meine Brieftasche legte.« (Franz Kafka: Hochzeitsvorbereitungen auf dem Lande und andere Prosa aus dem Nachlaß. Frankfurt am Main 1980, Seite 105f.)

Tiere stellen für Texte eine besondere Herausforderung dar: Sie entziehen sich durch ihre Sprachlosigkeit (oder, biologisch korrekt, ihrer vergleichsweisen Sprachbeschränktheit) der unmittelbaren Selbstdarstellung, die bei jeder menschlichen Figur mittels Monolog, Dialog oder erlebter Rede möglich ist. Die »realistische« Literatur kann Tierfiguren nur ansatzweise verwerten, als subordinierte Partner der menschlichen Akteure oder als ihre Beobachtungsobjekte. Wo Tierfiguren aus dieser latent zoologischen Sicht heraustreten, geraten sie schnell ins literarische Ghetto der Kinder- und Jugendliteratur, der Horror- und Fantasy-Filme mit ihren monströsen Tierhelden wie dem »Weißen Hai«, dem ›Walgorilla‹ »Godzilla« oder den digitalen Sauriern aus Spielbergs kryptobiologisch inspirierter Safari »Jurassic Park«.

Jenseits dieser Spartenprogramme wählen einige Autoren den Weg der Fabel, in der Tiere vermenschlicht beziehungsweise menschliche Denk- und Verhaltensweisen in Ganzkörper-Tiermasken auftreten: der schlaue Fuchs, die weise Eule, der böse Wolf. Das geht auch komplizierter, wie Gustav Meyrink in seinen Tiergrotesken demonstriert hat. Harry S. »Tschitrakarna, das vornehme Kamel« beispielsweise, das sich normalerweise gesellschaftlich sehr zurückhält, um Oscar Wilde zu lesen, tritt gegen seine Gewohnheit einmal einer Karten- und Diskussionsrunde bei, an der außer ihm ein Löwe, ein Panther, ein Fuchs und ein Rabe teilnehmen. Man unterhält sich über Bushido, eine japanische Lebenslehre, die Opferbereitschaft verlangt. Als die fünf im einbrechenden tropischen Winter hungern, erklären sich Rabe und Panther pathetisch bereit, sich im Sinne Bushidos zum Wohle aller verzehren zu lassen. Harry S. Tschitrakarna will da nicht zurückstehen. Während die Runde aber das Angebot des Raben und des Panthers verschmäht, nimmt sie das von Harry dankbar an. (Vgl. Gustav Meyrink: Des deutschen Spießers Wunderhorn. 1913, hier zitiert nach der Ausgabe Frankfurt am Main/Berlin 1992. Seite 162–169)

Im Fahrwasser solch bizarrer Fabeln bewegen sich heute Autoren wie Günter Grass, der seine eloquenten Prosa-Tiere Butt und Rättin große Teile seiner Romane bestreiten läßt. Seltener ist der Versuch einer eher naturalistischen Tier-Gestaltung. Jack London unternimmt ihn im »Ruf der Wildnis« (The Call of the Wild, 1903) mit Buck, einer Kreuzung aus Bernhardiner und schottischem Schäferhund.

Kreuzungen und Zwischenwesen gedeihen auch bei Kafka. In den »Sorgen des Hausvaters« heißt es über einen hybriden Hausbewohner: »Odradek sieht aus wie eine flache sternartige Zwirnspule, und tatsächlich scheint es auch mit Zwirn bezogen; allerdings dürften es nur abgerissene, alte, aneinander geknotete, aber auch ineinander verfitzte Zwirnstücke von verschiedenster Art und Farbe sein. Es ist aber nicht nur eine Spule, sondern aus der Mitte des Sternes kommt ein kleines Querstäbchen hervor und an dies Stäbchen fügt sich dann im rechten Winkel noch eines. (...) Manchmal, wenn man aus der Tür tritt und er lehnt gerade unten am Treppengeländer, hat man Lust, ihn anzusprechen. Natürlich stellt man an ihn keine schwierigen Fragen, sondern behandelt ihn – schon seine Winzigkeit verführt dazu – wie ein Kind. ›Wie heißt du denn?‹ fragt man ihn. ›Odradek‹, sagt er. ›Und wo wohnst du?‹ – ›Unbestimmter Wohnsitz‹, sagt er und lacht.» (Franz Kafka: Sämtliche Erzählungen. Frankfurt am Main 1975, Seite 139f.)

Harte Fakten, anschmiegsam

Der australische Romancier, Kritiker und Essayist Clive James erinnert sich in der Einleitung zu seiner Aufsatzsammlung »Snakecharmers in Texas«: »In dem Film ›The Third Man‹ erzählt der britische Offizier dem amerikanischen Western-Autor, Holly Martins, wie sehr ihm dessen

Bücher gefallen, besonders der sonderbaren Informationen wegen, die sie beinhalten. Der Offizier sagt, er hätte vorher nicht gewußt, daß es Schlangenbeschwörer in Texas gibt. Holly Martins schaut etwas betreten drein, aber er hätte genauso gut etwas Stolz zeigen können.« (Clive James: Snakecharmers in Texas. London 1989, Seite IX)

Wahrscheinlich hätte es Martins vorgezogen, als großer Stilist wahrgenommen zu werden, als inspirierter Erfinder von Welten; der Offizier denkt praktisch: Dichtung verschafft Information, Dichtung nützt. Diese bare Nützlichkeit von Literatur hat schon Horaz gelobt: »Aut prodesse volunt aut delectare poetae« – »Entweder nützen oder erfreuen wollen die Dichter« –, oder »aut simul et iucunda et idonea dicere vitae« – sie wollen »zugleich, was erfreut und was nützlich fürs Leben ist, sagen«. (Horaz, Vers 333–334, Seite 24f.)

Was ihm im Gedächtnis bleibt, ist die überraschende Tatsache, das Unerwartete, das gleichwohl durch seine außertextlich verbürgte Wirklichkeit Nachdruck erfährt. Den orientalischen Schlangenbeschwörer in einem Kolonialroman, der im Kaiserreich Indien spielt, hätte er womöglich bereits vergessen. Mit dem im allgemeinen Gebrauch befindlichen Bild von »Texas« kollidiert die Nachricht zunächst, gibt beidem, Texas und dem Schausteller, einen eigenen Dreh.

Und dieser Dreh kann manchmal mehr noch als verblüffen: schier unglaublich sein.

So berichtet Hermann Burger, daß ihn nach dem Erscheinen des Romans »Die künstliche Mutter« (1982) ein deutsches Fernsehteam besucht, das für einen Beitrag Aufnahmen vor Ort im Gotthardgebiet machen wollte. Besonderes Interesse zeigte der Regisseur an der Märklin-Modellanlage der Gotthardbahn, die Burger in seinem Roman beschrieben hatte. Der Regisseur zeigte sich nun tief enttäuscht, als er erfuhr, daß dieses Märklin-Diorama ganz und gar Burgers geistiges Eigentum ist, eine Fiktion.

»Aber«, versucht Burger nun den Mann vom Fernsehen zu trösten, »oben in der Schöllenen-Schlucht, da hätte ich etwas sehr Schönes für ihn. Da stehe nämlich in einer Kalotte das Denkmal eines russischen Generals, der 1799 von den Eidgenossen und den Franzosen geschlagen worden sei, obwohl er den Gotthard, das heutige helvetische Symbol der Uneinnehmbarkeit, in seiner Hand gehabt habe, und dieses Denkmal samt dem dazugehörigen Terrain sei Eigentum der Sowjetunion, man stelle sich vor, eine russische Enklave im Herzen der Schweiz und der militärischen Festungen. Jedes Jahr werde von der Botschaft in Bern ein kleiner Kredit zur Pflege des Heroen bewilligt. Das müsse er aufnehmen. Da entgegnete der Fernsehjournalist: Nein, nein, dort hinauf locken Sie uns nicht, wir kennen doch Ihre Phantasie.« (Hermann Burger: Die allmähliche Verfertigung der Idee beim Schreiben, Seite 9)

Diese zwiespältige Reaktion auf sein Werk – die Akzeptanz des Erfundenen als Realität und die Verdächtigung der Realität als Hirngespinst – erquickt den Autor: »Nie bin ich glücklicher, als wenn es mir gelingt, das Verrückte dank vorgetäuschter Recherche als wirklich und die bare, aus irgendeinem Jahrbuch herauskopierte Realität als verrückt erscheinen zu lassen.« (Seite 11)

Bekanntlich aber ist nichts verrückter als die pure Wirklichkeit, stecken die Fakten voller Geschichten, sie müßten nur gelegentlich erzählt werden. Statt dessen vergißt es sich, daß – um nur ein par Beispiele zu nennen – Berliner Ärzte, als im Jahre 1948 das Penicillin knapp wurde, 60% des benötigten Stoffes aus dem Urin der Prostituierten, welche von den Amerikanern zur Sicherheit ihrer amerikanischen Kunden geimpft worden waren, recycelten; daß nach 1945 über 40000 deutsche Soldaten als Fremdenlegionäre in Indochina kämpften und starben – die Erlaubnis, Werbebüros für die Fremdenlegion in der Bundesrepublik zu eröffnen, war eine der Bedingungen, unter der Charles de Gaulle sich Adenauer gegenüber zu einer deutsch-französischen Freundschaft bereit erklärt hatte. Welt der Wunder.

Schreiben heißt unter anderem, außertextliche Realität in Erfahrung zu bringen. So rät auch die US-amerikanische Autorin Edna Annie Proulx: »Schreiben Sie über das, was Sie interessiert, schreiben Sie über das, was Sie gerne wissen wollen.« (In: TIME vom 29. November 1993) Die Tatsachen werden sich ohne Widerstand einschmiegen ins Textgeflecht.

Sinne

Wir müssen uns den Leser als einen folgsamen Menschen vorstellen. Der Autor führt ihn vermittels eines sprachlichen Agenten – des Erzählers, Sprechers, seines lyrischen Ichs – durch das Universum des Textes, und da der Leser der Geschichte buchstäblich mit den Augen folgt, wird der regierende Gesichtssinn, das Sehen, als Leitsinn akzeptiert: Figuren schauen, Figuren zeigen, der Leser imaginiert eine visualisierte Welt.

Doch die Welt, die der Text entstehen läßt, ist als imaginäre, gedichtete, so unnatürlich wie jedes andere Kunststück auch. Sie könnte sich von allen Sinnen lösen, sinn-los werden, wie es manche dadaistische Werke versucht haben.

Ich zitiere die erste Strophe des „Großen Lalula“ von Christian Morgenstern:

»Kroklokwafzi? Sem̄emem̄i!
Seiokronto – prafriplo:
Bifzi, bafzi; hulalem̄i:
quasti basti bo ...
Lalu, lalu lalu lalu la!«

(Christian Morgenstern: Galgenlieder. In: Alle Galgenlieder. Zürich 1981, Seite 19)

Freilich provoziert dieser Ausflug ins Unanschauliche keineswegs einen begrifflich-abstrakten Zugriff auf den Text, sondern aktiviert, wie es beim Ausfall des Sehsinnes wieder ganz üblich ist, den akustischen Sinn als Ersatz. Das Gedicht wird zum Lautgedicht. Wo wir nicht sehen können, versuchen wir zu hören.

Während wir aber von dem vorherrschenden Sinn geleitet werden, sind die anderen Sinne durchaus nicht stillgelegt. Sie tragen, auch wenn das nicht immer bewußt wahrgenommen wird, zu einer Gesamtwahrnehmung bei, die immer zugleich Wahrnehmung der Außen- wie der Innenwelt ist.

Was uns generell an Sinnesleistungen möglich ist, kann man in »Grzimeks Tierleben« nachlesen:

Wir verfügen über einen höchst komplexen Sehsinn mit den Fähigkeiten zum Hell-Dunkel-Sehen, Kontrast-Sehen, Formen-Sehen, Bewegungs-Sehen, Entfernungs-Sehen, Farben-Sehen. Wir nehmen Geräusche an sich und räumlich wahr und haben gelernt, Distanzen akustisch abzuschätzen. Während der Sehsinn nach vorne gerichtet ist, ist der Hörsinn in gewisser Weise rückwärts orientiert, er deckt uns wahrnehmungs- und warnungstechnisch den Rücken.

Ferner sind wir sensibel für: Berührung der Haut; Vibration des Untergrundes; Stellung, Spannung und Länge von Körperteilen; Füllungszustand von Hohlorganen (Blutgefäße, Magen); Lage des Körpers zur Schwerkraft; Beschleunigung, Drehung und Drehbeschleunigung des Körpers. Unsere Chemorezeptoren reagieren auf Duftstoffe in Wasser oder Luft. Wir schmecken süß, sauer, salzig und bitter (alle weiteren Geschmacke sind Kombinationen aus diesen Grundsorten), auch hat unser Körper für uns selbst einen gewissen Eigengeschmack, der sich bei Krankheit verändern kann. Wir empfinden Kälte und Hitze; wir empfinden sogar in gewissen Grenzen den Verlauf der Zeit. (Vgl. Grzimeks Tierleben – Enzyklopädie des Tierreichs. Sonderband Verhaltensforschung. Zürich 1974) Nun besteht kein erzähltechnisch begründbarer

Anlaß, Figuren rezeptorisch zu behindern, auf völlig einsinnige Wahrnehmung zu stutzen. Im Gegenteil bewirkt die rücksichtslose Vorherrschaft des optischen Sinnes eine Abstraktion der erzählten Welt, eine spürbare Immaterialität und Atmosphärelosigkeit.

Patricia Highsmith empfiehlt dagegen, die Sinne der Figuren zu aktivieren.

»Mir fällt keine Faustregel für die Schaffung von Atmosphäre ein, aber da sie durch alle fünf Sinne und vielleicht durch einen sechsten wahrgenommen wird, sollte man die Sinne schon benutzen. Der Geruch in einem Haus, die vorherrschende Farbe in einem Zimmer – olivgrün, graubraun oder heiteres Gelb. Und Geräusche: eine Blechdose, die die Straße hinuntergeweht wird; ein Kranker, der in einem Nebenzimmer hustet; der Mischgeruch von Medikamenten – oft vor allem Kampfer – in den Zimmern vieler alter Leute.« (Suspense, Seite 86f.)

Selbst Kafka, der als Autor oft mit optischen Vorlagen arbeitet und in seiner Erzählwelt für besondere Schattierungen und singuläre Lichtverhältnisse sorgt, aus denen Figuren unverhofft auftauchen, in die hinein sie aber auch abtauchen können, schätzt die Mitwirkung anderer Sinne.

Max Brod erinnert sich in diesem Zusammenhang eines Gesprächs mit Kafka, in dem Kafka »als das, was ihm gefiel, (...) einen Passus von Hofmannsthal (zitierte): ›Der Geruch nasser Steine in einem Hausflur.‹« (Max Brod: Franz Kafka – Eine Biographie. In: Max Brod über Franz Kafka. Frankfurt am Main 1974, Seite 46)

Natürlich muß im literarischen Text keiner Figur eine überproportionale Wahrnehmungskompetenz beigebracht oder gar die Erweiterung des Sinneskanons zugestanden werden, die aus Kal El, dem letzten Sohn Kryptons, Superman macht mit seinen diversen Röntgen-, Hitzeblicken und Supersinnesleistungen. Doch haben immer wieder Autoren wie in einem Versuchslabor alternative Wahrnehmungen verordnet. In José Saramagos Roman »Ensaio sobre a Cegueira« (1995; »Die Stadt der Blinden« 1997) breitet sich eine Epidemie der Erblindung, das Weiße Übel, aus. Die Befallenen erkranken wie auf einen Schlag.

Als sich einer der soeben Erblindeten »auf das Wohnzimmer zubewegte, und obwohl er dies vorsichtig und langsam tat, indem er mit der Hand zögernd an der Wand entlangfuhr, stieß er eine Blumenvase um, die er dort vergessen hatte. (...) Er beugte sich hinab, um den Schaden zu begutachten. Das Wasser hatte sich über den gebohnerten Fußboden ausgebreitet. Er wollte die Blumen aufheben, dachte aber nicht an die Scherben, und ein langer, sehr feiner Glassplitter bohrte sich in seine Finger (...). Das Blut fühlte sich klebrig an, es verwirrte ihn, er dachte, vielleicht, weil er es nicht sehen konnte, sein Blut hätte sich in eine farblose, klebrige Masse verwandelt, in etwas, das ihm zwar gehörte, aber dennoch wie eine Drohung gegen ihn wirkte. Vorsichtig ertastete er mit der unversehrten Hand den schmalen Glassplitter, der so scharf war wie ein winziger Dolch, bildete mit den Nägeln von Daumen und Zeigefinger eine Pinzette und zog den Splitter heraus.« (José Saramago: Die Stadt der Blinden. Reinbek bei Hamburg 1977, Seite 16) Blut, habe ich einmal in einem Krimi gelesen, schmeckt nach Eisen. Ich fand diesen Ausdruck sinnlicher als alle Schilderungen seiner Farbe.

Gemeintsein, Angstwelten, metaphorische Existenz

Angst, das Gefühl, bedroht zu werden, erhöht die Aufmerksamkeit, läßt den Geängstigten das, was ihn beängstigt, wie unter einem Brennglas wahrnehmen und hebt es aus der alltäglich-beiläufigen Wahrnehmung heraus. Die Welt erscheint wie um das Schwarze Loch des angstauslösenden Objektes gekrümmt, Raum und Zeit verzerrt.

Im Jahr 1971 hat die World Psychiatric Association eine Liste der Phobien herausgegeben, eine Weltkarte der Angst. Demnach kann krankhafte Angst entstehen gegenüber: Dunkelheit, Lauten und Klängen, Katzen, Staub, Wind, Ersticken, Unendlichkeit, Bienen, Spinnen, Gewitter, Sternen, Nadeln, Körpergeruch, Fröhlichkeit, Schnee, Geld, Treppen, Geschlechtskrankheiten, Dämonen, Menschenmengen, Justiz, Spiegeln, Morgendämmerung, Brücken, der Sünde, dem Berührtwerden, vor Dieben, dem Vergnügen, heiligen oder religiösen Gegenständen, Gift, gegenüber dem Neuen, dem Versagen, leeren Flächen, Ermüdung, Gegenständen auf der linken Seite, Regen, Armut, Geistern, Gewässern, Federn, Schmutz, Gesehen-zu-werden bzw. Sich-lächerlich-zu-machen, gegenüber dem Fahren in der Eisenbahn, der Hölle, der Zahl 13, dem Himmel und der Eifersucht. (Vgl. Johann M. Burchard: Lehrbuch der systematischen Psychopathologie. Band II. Stuttgart/New York 1980, Seite 224)

Nun sind nicht alle diese Gegenstände an sich ungefährlich, wie Burchard betont: »Auch der Gesunde neigt gegenüber vielen der genannten Situationen und Objekte zur Meidung, wobei durch einige von ihnen Angst und Ekel hervorgerufen werden, diese Reaktion beschränkt sich aber auf *reale Konfrontationen* oder deren realistisch eingeschätzte Möglichkeit. Gesunde Menschen neigen insbesondere nicht zur *phobischen Generalisation*, die zunächst eine Allgegenwärtigkeit eines bestimmten Objektes Zug um Zug imaginiert, um dann nach der Art eines Haloeffekts auf ähnliche und später auch auf andersartige Objekte und Situationen überzugreifen.« (Ebenda)

Vermeidung ist als Strategie aber nur dann sinnvoll, wo das Objekt nicht von sich aus sucht, taxiert und angreift.

Hoimar von Ditfurth, ein anderer Neurologe, hat als Einfühlungshilfe für den Gesunden in die Erlebenswelt eines Schizophreniekranken vorgeschlagen, man möge sich an einen intensiven Alptraum erinnern. Was man dort an hinterrücks in Gang gesetzter Verfolgung erlebt, an Ausgesetztsein, das erfahre der Schizophrene jeden Tag bei vollem Wachbewußtsein. Er erleidet ein umfassendes Gemeintsein, und noch das Flugzeug, das oben in vielen Kilometern Höhe fliegt, ist ein Angriff auf ihn, spioniert ihn aus, strahlt ihn an, durchleuchtet ihn – er ist überall und von jedem gemeint.

Der Kranke ist kein Künstler, der Künstler ist nicht krank; sowenig wie der Gesunde krank ist, nur weil er im Ansatz kennt, was den Kranken dominiert. Aber vielleicht ist es einer der möglichen künstlerischen Ansätze, den psychischen Ausnahmefall, den der Kranke als Regel erleidet, um der Kunst willen zu vergrößern und dem Extrem die Vorherrschaft einzuräumen.

Ganz selbstverständlich wissen wir um die tendenzielle Einstimmigkeit der Kunstwerke: In einer Komödie ist die Welt heiter und hat keinen Platz für Folter und Massaker; in einem Kriegsfilm ist kein Platz für frivole Screw-Ball-Dialoge; im Walt-Disney-Kosmos wird nicht gezeugt, geboren und gestorben; im James-Bond-Film wendet sich kein nachdenklicher Chor ans Kinopublikum. Und wenn in einer Shakespeare-Tragödie eine Szene komisch läuft, auf Lacher aus ist, dann nur als »comic relief«, als eine das Aufatmen erlaubende Erleichterung von der grundsätzlichen Schwere des Stückes.

In literarischen Texten sind alle Einzelheiten wie von einer Strömung erfaßt. Der Strudel der Ereignisse dreht sich in einer bestimmten Richtung: zum Komödiantischen, zum Tragischen, zum Thriller, zur Parodie etcetera.

Jedenfalls sind die Dinge in Bewegung, und oft stürzen sie im wahrsten Sinne des Wortes auf die Zentralfigur, den Perspektiventräger, den Helden ein.

Günter Eich schickt in seinem Hörspiel »Träume« (1950/1960) jedem der einzelnen Traumsequenzen einen kurzen Monolog voran, und der erste heißt:

»Ich beneide alle, die vergessen können,
die sich beruhigt schlafen legen und keine Träume haben. (…)

Fuhrest auch du einmal aus den Armen der Liebe auf,
weil ein Schrei dein Ohr traf, jener Schrei,
den unaufhörlich die Erde ausschreit und den du
für Geräusch des Regens sonst halten magst oder das Rauschen des Windes.
Sieh, was es gibt: Gefängnis und Folterung,
Blindheit und Lähmung, Tod in vieler Gestalt,
den körperlosen Schmerz und die Angst, die das Leben meint.
Die Seufzer aus vielen Mündern sammelt die Erde,
und in den Augen der Menschen, die du liebst, wohnt die Bestürzung.
Alles, was geschieht, geht dich an.«

(Günter Eich: Gesammelte Werke. Band II. Frankfurt am Main 1973, Seite 289)

Unschwer ließe sich hier eine Erlebnis- und Verhaltensstörung diagnostizieren, spräche da ein Mensch und nicht eine Gestalt, die als Welterlebnisfilter eingesetzt wird, eine Figur, die mit Schrecken wahrnimmt, die vom Objekt angerufen wird, die von Bestürzung weiß und umfassendem Gemeintsein. Traumnah ist alles hier zur Sprache Gebrachte und schlafumfangen, wobei der Schlaf, von dem die Rede ist, nach althergebrachter Sitte ein künstlerisch-unruhiger ist. »Gegen Morgen in der grauen Frühe pissen die Tannen / Und ihr Ungeziefer, die Vögel, fängt an zu schrein. / Um die Stunde trink ich mein Glas in der Stadt aus und schmeiße / Den Tabakstummel weg und schlafe beunruhigt ein«, sagt Bertolt Brecht in seinem Gedicht »Vom armen B. B.«. (Bertolt Brecht: Gesammelte Gedichte. Band 1. Frankfurt am Main 1978, Seite 261–263) Und im August 1914 schreibt Franz Kafka in sein Tagebuch: »Der Sinn für die Darstellung meines traumhaften inneren Lebens hat alles andere ins Nebensächliche gerückt, und es ist in einer schrecklichen Weise verkümmert und hört nicht auf, zu verkümmern.« (Franz Kafka: Tagebücher 1910–1923. Frankfurt am Main 1957, Seite 262)

Ein Prunkstück der traumhaften Innenwelt Kafkas ist jenes Ungeziefer, in das sich Gregor Samsa 1912, aus unruhigen Träumen erwacht, verwandelt sieht: »Er lag auf seinem panzerartig harten Rücken und sah, wenn er den Kopf ein wenig hob, seinen gewölbten, braunen, von bogenförmigen Versteifungen geteilten Bauch (...). Seine vielen, im Vergleich zu seinem sonstigen Umfang kläglich dünnen Beine flimmerten ihm hilflos vor den Augen.« (»Die Verwandlung«, in: Sämtliche Erzählungen, Seite 56)

Was war geschehen? Etwa drei Jahre zuvor hatte Eduard Raban, die Hauptfigur in Kafkas »Hochzeitsvorbereitungen auf dem Lande«, zu Bett liegend sinniert:

»Und überdies kann ich es nicht machen, wie ich es als Kind bei gefährlichen Geschäften machte? Ich brauche nicht einmal selbst aufs Land zu fahren, das ist nicht nötig. Ich schicke meinen angekleideten Körper. (... Ich) liege inzwischen in meinem Bett, glatt zugedeckt mit gelbbrauner Decke, ausgesetzt der Luft, die durch das wenig geöffnete Zimmer weht. Die Wagen und Leute auf der Gasse fahren und gehen zögernd, denn ich träume noch. (...) Ich habe, wie ich im Bett liege, die Gestalt eines großen Käfers, eines Hirschkäfers oder eines Maikäfers, glaube ich.« (Franz Kafka: Hochzeitsvorbereitungen auf dem Lande. Frankfurt am Main 1980, Seite 10)

Was Raban noch als kindlichen Tagtraum erlebt und deuten kann, hat sich für Samsa realisiert. Raban vergleicht sich mit dem Insekt aufgrund einer äußeren, gestalthaften Ähnlichkeit. Doch wie die Sprache aus dem Vergleich »Karl ist mutig wie ein Löwe« die Metapher »Karl, der Löwe« machen kann, so wird hier aus der Figur, die wie ein Käfer ist, das Ungeziefer selbst. Warum auch nicht, bestehen Gregor und der Käfer doch aus demselben Urstoff: aus Worten.

Die Überführung einer Menschenseele in einen andersartigen Leib, die Metamorphose, hatten vor und besonders seit Ovid (43 v. Chr. –18 n. Chr.), dem Sammler alter Verwandlungssagen (»Omnia mutantur, nihil interit«), immer wieder verschiedene Autoren geübt. Lange

Zeit ist diese psychische Überfahrt unter dem Namen Verwunschensein jedoch als pures Märchenmotiv verwendet worden (»Mutabor!« spricht der Kalif). Spätestens mit dem Gedicht »Le Bateau ivre« (1871) des französischen Dichters Arthur Rimbaud aber kehrt die Fremdkörperlichkeit in die Literatur der Avantgarde zurück; in diesem Gedicht nämlich beginnt das »Trunkene Schiff« umstandslos, das heißt ohne einleitendes Vergleichswort, von sich zu sprechen:

»Wie ich hinunterglitt die unbewegten Flüsse,
Ward mir zu Mut, als würd meine Treidler ich los:
Rothäute, schreiend, hatten sie, Ziel ihrer Schüsse,
An farbige Pfähle genagelt, nackt und bloß.

Ich sorgte um all die Mannschaft mich nicht, befrachtet
Mit flämischem Korn oder Kattun aus Britenland.
All dieses Gelärm die Treidler mir hingeschlachtet,
Ließ ich den Fluß mich treiben, wie der Sinn mir stand.«

(Arthur Rimbaud: Sämtliche Dichtungen. Heidelberg 1982, Seite 132f.)

Silvano Arieti bemerkt: »Der in seine Wahnvorstellung verstrickte Schizophrene scheint in einer metaphorischen, sinnbildlichen Welt zu leben. Wir dürfen jedoch nicht vergessen, daß diese Welt nur für uns metaphorisch ist, nicht für den Patienten, der sie als Realität akzeptiert.« (Silvano Arieti: Schizophrenie. München 1986, Seite 86) Tatsächlich an psychischen Krankheiten leidende Menschen sind in aller Regel zu künstlerischen Initiativen unfähig. Der Künstler dagegen ist nicht krank. Er operiert mit dem phobieförmigen Denken wie mit einem Augenglas, das ihm hilft, fremdartig-schöne Sinnbilder zu entdecken.

Konsenswelt und abweichende Theorienbildung

Gemeinhin bewegen sich alle Figuren eines Textes wie ihre Textproduzenten auch auf verläßlichen Bahnen durch die homogene Welt. In einzelnen Fällen aber kann durch eine ganz besondere, individuelle Art des Deutens der Welt eine Weiche gestellt werden, die den Interpreten auf phantastische Nebenstrecken führt, auf verworrene Abstellgleise der Vernunft.

Schon Büchners »Woyzeck« (handschriftlich hinterlassen) entwirft in seinem Verfolgungswahn eine absonderliche Hohlwelttheorie: »Es geht hinter mir, unter mir *stampft auf den Boden* hohl, hörst du? Alles hohl da unten. Die Freimaurer!« (Georg Büchner: Sämtliche Werke und Briefe. Band 1. München 1979, Seite 168) Daß die Erde im Innern hohl, von einer Zweitsonne erwärmt, belebt, bewohnbar und also auch bewohnt sei, ist bis heute obskurantistisches Gedankengut. Nicht einmal die Romanhelden des großen Fortschrittspropheten Jules Verne haben auf ihrer »Reise zum Mittelpunkt der Erde« (1864) das Licht der Vernunft in diese Unterwelt tragen können. Aber was heißt schon Fortschritt: Gerade im 20. Jahrhundert machen anti-naturwissenschaftliche Theorienbildner Furore. Einer ihrer bedeutendsten ist der US-amerikanische Journalist Charles Fort (1874–1932), der sein Leben lang in Bibliotheken wie der New York Public Library und der British Museum Library nach kuriosen Kurzmeldungen über bislang unerklärliche Phänomene fahndete und sie auf etwa 60000 Notizzetteln exzerpierte. In vier Büchern stellt er diese Erscheinungen vor, sortiert sie und läßt ihnen spekulative Erklärungen angedeihen: Phantomstädte können am Himmel deswegen erscheinen, weil die Erde von nahe gelegenen Schalen umgeben ist, an denen die Sterne befestigt sind; dahinter befindet sich ein »Neuland«, aus dem manchmal Meteore auf die Erde plumpsen oder aber fremde Luftschiffe zu Expeditionen in dasjenige abtauchen, was wir Himmel nennen. Im Jahr 1871 schwebt eine Mrs. Guppy aus einem Fenster in London, fliegt mehrere Meilen weit und landet auf einem Haus, Ursache ist die bislang unerforschte Naturkraft der Teleportation. (Charles Fort: Da! Frankfurt am Main 1997, Seite X) Zu Forts Bewunderern zählten neben seinem Förderer Theodore Dreiser unter anderen Hitchcocks Drehbuchschreiber Ben Hecht, John Cowper Powys, Malcolm Lowry, Henry Miller, Aldous Huxley und H. P. Lovecraft. Im Jahr 1931 wird die Fortean Society gegründet. Auch die Romanfigur Faustroll, der Pionier der Pataphysik aus Alfred Jarrys »Gestes et opinions du docteur Faustroll, pataphysicien. Roman néo-scientifique, suivi de spéculations« (1911; »Taten und Meinungen des Pataphysikers Doktor Faustroll, neowissenschaftlicher Roman, mit einem Anhang von Spekulationen«), findet eine diesseitige Gemeinde, das 1950 etablierte Collège de Pataphysique. Die Pataphysik, im deutschsprachigen Raum unter anderem von Jan Philipp Reemtsma vertreten, befaßt sich mit Alltagsproblemen, die von der Schulphysik bislang systematisch ignoriert worden sind – wie zum Beispiel »warum bleibt die Teekanne, die schon seit Jahren einen Sprung hat, länger heil als die, die eigentlich heil ist? warum reißt der lose Knopf nicht ab? warum ist der andere Socken nie da?«. Feine Beobachtungsgabe paart sich in dieser Disziplin mit unwiderstehlicher Argumentation, die selbst die empirizistisch benörgelte Platonsche Ideenlehre auf ein nunmehr gesichertes Fundament hievt: »Eine solche Theorie ist dermaßen schwachsinnig, daß sie wahr sein muß. (… Es) gibt Meinungen, die wären, wären sie nicht wahr, so blöd, daß niemand auf den Gedanken käme, sie zu denken. So ist's mit dem Platonismus und allen anderen Spielarten der Ideenlehre, die hiermit als bewiesen gelten mögen.« (Jan Philipp Reemtsma: Antifüsiek. Folia Patafysica ,Heft 6. Reinbach-Merzbach 1989, Seite 23)

Fast idealtypisch zeigen Forschungsgesellschaften wie Fortesianismus und Pataphysik, auf welchen Wegen ein spielerisch-persönliches Phantasma epidemisch wird: Ufos, Übersinnliches, John-F.-Kennedy-Mord- und Verschwörungstheorien haben Hochkonjunktur; Fan-Gemeinden gruppieren sich und werden von einem Massenmedium bedient, das serienmäßig seine »Sentinel«, »Pretender« und FBI-Agenten aussendet zur Entsiegelung der »X-Files« (»Akte X«). Die Wahrheit ist nicht mehr von dieser Welt, sondern im Exil, irgendwo da draußen.

Die Welt, in der wir leben, ist auch die Welt, die wir uns erdenken, ein verwegenes Luftschloß mit privater Zufahrt, dessen Architektur mehr vom Interpreten offenbart als vom Interpretierten. Durchaus realistisch also haben immer wieder Autoren ihre Figuren die Konsenswelt verlassen, abweichende Theoriebildung betreiben und sich einspinnen lassen in ihr kauziges Universum.

Karten

In seinem Buch »Teegespräche mit Dichtern« (1950) gewährt Hanns Bornemann Einblick in eine literarische Werkstatt: Friedrich Schiller »suchte den Webstuhl da innen zum Sausen zu bringen mit faulen Äpfeln, die er in die Schublade seines Schreibtisches legte«. Mit Schnupf- und Rauchtabak, Kaffee und Schokolade habe er die Leistungskraft aufgeputscht. Und wenn ihm, Schiller, »die Gedanken ausgehen, da mal ich Rössel«. (Hanns Bornemann: Teegespräche mit Dichtern. Hamm 1950, Seite 36 bis 39)

Neben zeitgenössischen Doping-Methoden kannte Schiller, wie Goethe berichtet, die Vorzüge themenspezifischer Vorarbeit: »Schiller stellte sich die Aufgabe, den

Tell zu schreiben. Er fing damit an, alle Wände seines Zimmers mit so viel Spezialkarten zu bekleben als er auftreiben konnte. Nun las er Schweizer Reisebeschreibungen, bis er mit Weg und Stegen des Schauplatzes bestens bekannt war.« (Ebenda) Die Bekanntheit mit dem realen Ort, an der Goethe nicht zweifelt, vermittelte sich Schiller über das Medium Landkarte.

Kartenstudium war auch für den Bestseller-Autor Heinz Werner Höber die Grundlage für den bis heute anhaltenden Erfolg, zu dem er die Heftroman-Figur »Jerry Cotton« führte:

»Inzwischen hatte ich dem Oberbürgermeister von New York mitgeteilt, daß ich Romane schreiben wollte, die in New York spielten. Senden Sie mir bitte Stadtpläne und Informationen.«

Er hatte das Büro des Oberbürgermeisters gebeten, und »die Chefsekretärin schrieb, für ausführliche Informationen empfehle sie mir die fünf U-Bahnlinien, die eigene Stadtpläne herausgeben, das Verkehrsamt, die Industrie- und Handelskammer, den Verein, der für die kulturellen Belange zuständig sei. (...) Alle schickten Informationen und Stadtpläne (...). Legte man die Stadtpläne im Geiste übereinander, konnte man exakt rekonstruieren – Broadway Hausnummer 25, zweites Kellergeschoß U-Bahn-Station. Erstes Kellergeschoß unterirdische Verbindungsstraße für die Zulieferung der beiden Kaufhäuser. Erdgeschoß rechts die First National Bank, links ein Leihhaus – wie sinnig.« (Jan Eik: Heinz Werner Höber – Der Mann, der Jerry Cotton war. Berlin 1996, Seite 78)

Mittels Karten wird der Spielraum für eine mehr oder weniger fiktive Handlung erstellt. Wie inspirierend schon die bloße Rekonstruktion sein kann, zeigt Höbers Vermerk der Nachbarschaft von National Bank und Leihhaus.

Der Autor ist zumal dort Nutznießer von Kartenwerken, wo er selbst als Kartograph das Fundament für eine Handlung legt:

Der schottische Schriftsteller Robert Louis Stevenson und seine Familie hielten sich im Sommer 1881 in dem kleinen Hochlanddorf Braemar, etwa zehn Kilometer westlich der königlichen Sommerresidenz Balmoral, auf. Stevenson war seit einem Jahr mit Fanny Osbourne verheiratet, die zwei Kinder mit in die Ehe brachte. In Stevensons »Essays in the Art of Writing« heißt es in dem Aufsatz »My First Book: Treasure Island« über die Zeit im schottischen Hochland: Es gab »einen Schuljungen, der über die Ferien dort war und dringend eine geistige Herausforderung suchte. An Literatur dachte er gerade nicht, es war die Kunst Raphaels, die seine unstete Aufmerksamkeit fand; und mit Hilfe von Feder und Tinte und einer Kiste Wasserfarben für ein paar Groschen hatte er bald einen der Räume in eine Gemäldegalerie verwandelt. Die mir zukommende Aufgabe in dieser Galerie war es eigentlich, kunstsinnig herumzugehen und die Bilder zu bewundern, aber manchmal gab ich mir selbst ein bißchen nach, gesellte mich zu dem kleinen Künstler an die Staffelei und verbrachte den Nachmittag mit ihm im Wetteifer, bunte Bilder zu malen. Bei einer dieser Gelegenheiten malte ich die Karte einer Insel; sie war sehr kunstvoll und, wie ich fand, schön bunt; ihre Form begeisterte meine Vorstellungkraft mehr, als ich sagen kann; sie verzeichnete Häfen, entzückend wie Sonette; und unbewußt, als sei gar keine andere Wahl möglich, betitelte ich mein Werk ›Schatzinsel‹. Man hat mir gesagt, es gebe Leute, die sich nichts aus Karten machen – ich mag das kaum glauben. Die Namen, die Umrisse der Wälder, die Verläufe der Straßen und Flüsse, die vorgeschichtlichen Fußstapfen des Menschen, die immer noch die Hügel hinauf und hinab aufzuspüren sind, die Mühlen, die Ruinen, die Gewässer und die Fähren, vielleicht die *Stehenden Steine* oder der *Druidenkreis* in der Heide; dies alles ist eine unerschöpfliche Fundgrube. (... Mir erschienen) die zukünftigen Charaktere des Buches, als ich auf die Karte der Schatzinsel und ihre imaginären Wälder schaute; ihre braungebrannten Gesichter und glänzenden Waffen blickten mir aus ihren wechselnden Schlupfwinkeln entgegen, wie sie hin und her liefen, im Kampf und auf der

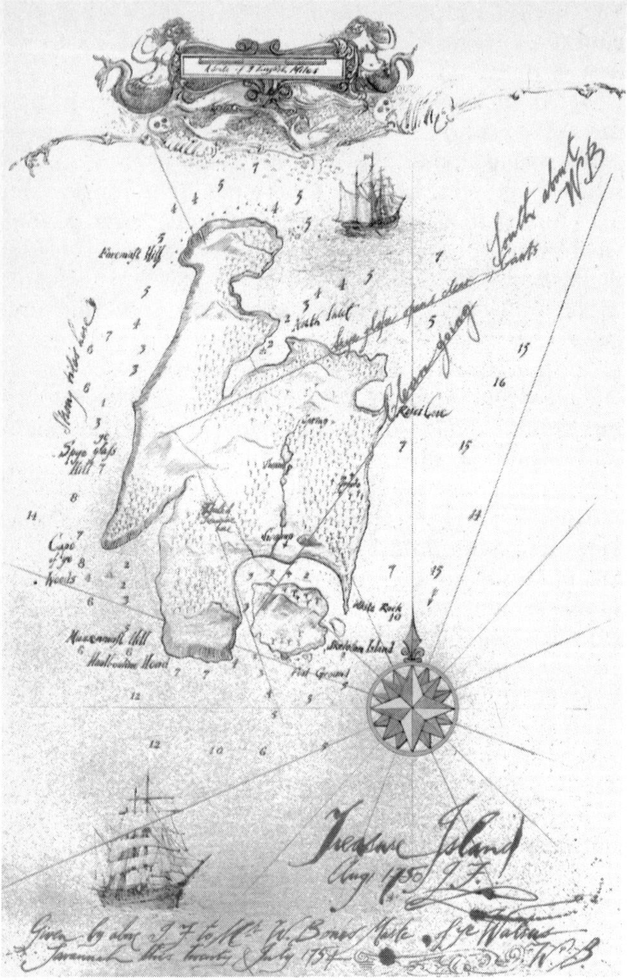

Aus: Robert Louis Stevenson: Die Schatzinsel.
Stuttgart (Reclam) 1996.

Suche nach dem Schatz, alles auf diesen paar Zentimetern einer flachen Projektion. Das nächste, was ich weiß, ist, daß ich einige Blatt Papier vor mir hatte und das Inhaltsverzeichnis schrieb.« (Robert Louis Stevenson: Essays in the Art of Writing. London 1912, Seite 120–123)

Das Original der Schatzkarte soll später auf postalischem Weg verlorengegangen sein, die meisten Ausgaben der »Schatzinsel« ziert heute ein Remake, das im Büro von Stevensons Vater, dem Leuchtturmingenieur Thomas Stevenson, angefertigt wurde.

Wer nicht selbst Karten zeichnen kann, kann zeichnen lassen.

Georges Perec, der französische Dichter, Mitglied der Oulipo (»Ouvroir de littérature potentielle«, Werkstatt für potentielle Literatur), berichtet über die Entstehung seines Romans »Ela vie – mode d'emploi« (1978; »Das Leben. Gebrauchsanweisung« 1982):

»Der zweite Entwurf (...) zielte vage auf die Beschreibung eines Pariser Mietshauses, dessen Fassade aufgeklappt werden sollte. (...) Jedes der Zimmer des Mietshauses würde eines der (...) Kapitel des Buches (werden). Um die verschiedenen Pläne, die ich zu sammeln begann, zu konkretisieren, bat ich meine Freundin Jacqueline Ancelot, die Architektur studierte, die Fassade meines Mietshauses zu zeichnen. Man kann dort zwei oder drei Details erkennen, die im Roman dann nicht mehr verändert wurden: Das große Atelier von Hutting oben links, der Dienstboteneingang, der Laden, die Loge der Concierge.« (Bernd Kuhne/Heiner Boehncke: Anstiftung zur Poesie. Theorie und Praxis von Oulipo. Bremen 1993, Seite 61–63)

Karten fundieren Geschichten, Karten spielen eine eigenständige Rolle (als Schatzkarten beispielsweise, denen nachgejagt wird und die den Akteuren den Weg weisen), und sie spiegeln die Weltbilder – so die mittelalterlich-europäische, kreisrunde Weltkarte, die dem Leib Gottes und der Hostie nachgebildet ist mit dem Kopf Jesu am oberen Rand, seinen Händen an der Seite und Rom oder Jerusalem in der Herzensmitte.

Ort und Ortswechsel

Meine Stadt hat sich mir eingeprägt. Freilich hat sie sich eingeprägt aus einer bestimmten Perspektive. Straßen, die ich wieder und wieder gefahren bin, haben sich in meinem Gedächtnis sedimentiert, so daß ich nun ein perspektivisch verzerrtes, ausschließlich mir eigenes System erinnere. Ich fahre gewissermaßen immer noch an den Geschäften und Kiosken vorbei, die längst geschlossen, durch neue Läden ersetzt sind; die Vertrautheit einer Straße, auf der ich oft als Kind mit meiner Großmutter spaziert bin, bewirkt, daß ich etwas wie eine Erwartung schmecke, sie gleich aus der Haustür treten zu sehen.

Manchen literarischen Figuren mangelt es an einer solchen Differenziertheit ihres Aufenthaltes. Sie geben sich, sie sprechen, sie denken unterschiedslos in ein und derselben Weise, ganz gleich, ob sie sich an einem neuen Ort befinden oder an dem, der sich durch Vergangen- und Vertrautheit angereichert hat. E. Annie Proulx hat pointiert darauf hingewiesen, wie sehr Ort und Mensch beziehungsweise Figur einander absorbieren, und das heißt auch: einander hervorbringen können: »Ich glaube, wenn einem die Landschaft richtig gelingt, dann werden die Charaktere aus dieser Landschaft hervorgehen, und sie werden am rechten Ort sein. Die Geschichte wird sich aus der Landschaft entwickeln.« (TIME vom 29. November 1993, Seite 55)

Eine Szene aus Thomas Manns Novelle »Tonio Kröger« (1903) basiert auf einer Reise, die der Autor im September 1899 unternahm. Mann arbeitete an den »Buddenbrooks«. Um die Jugend Hanno Buddenbrooks zu schildern, mußte er, der seit 1893 in München lebte, in der eigenen Jugend nachsehen und fuhr zu diesem Zweck für einige Tage zurück in seine Heimatstadt Lübeck, incognito. Tonio folgt seinen Spuren:

»Das waren die zweispännigen, schwarzen, unmäßig hohen und breiten Droschken der Stadt, die draußen in einer Reihe standen! Er nahm keine davon; er sah sie nur an, wie er alles ansah, die schmalen Giebel und spitzen Türme, die über die nächsten Dächer herübergrüßten (...). Großer Gott, wie winzig und winklig das Ganze erschien! Waren hier in all der Zeit die schmalen Giebelgassen so putzig steil zur Stadt emporgestiegen? Die Schornsteine und Masten der Schiffe schaukelten leis in Wind und Dämmerung auf dem trüben Flusse. (...)

Zuweilen in diesen dreizehn Jahren, wenn sein Magen verdorben gewesen war, hatte ihn geträumt, daß er wieder daheim sei in dem alten, hallenden Haus an der schrägen Gasse, daß auch sein Vater wieder da sei und ihn hart anlasse wegen seiner entarteten Lebensführung, was er jedoch sehr in der Ordnung gefunden hatte.« (Thomas Mann: Die Erzählungen. Frankfurt am Main 1986, Seite 339)

Wie sein Urheber zuvor, wird die Figur Kröger verdächtigt, ein Hochstapler zu sein; beide werden nicht erkannt, und beide reisen natürlich ohne Paß (wie Peter de Mendelssohn bemerkt: »Für Reisen im damaligen Europa brauchte man keinen Paß, es wäre denn, man führe nach Rußland.« (In: Der Zauberer, Seite 362)

Rückkehr also wäre eine der Möglichkeiten, Figur und Ort in eine charakterisierende Beziehung zu setzen. Rückkehr sorgt für Spannung zwischen der retrospektiven Halluzination von Heimat und der Erfahrung ihrer Gegenwart.

Rückkehr ist, da sie die Herkunft voraussetzt, eine sekundäre Bewegung, die nostalgische Variante eines primären Ortswechsels. Dieser ursprüngliche Aufbruch braucht wenig Motivation, erscheint – wenigstens hierzulande – als erklärungsunbedürftige anthropologische Konstante. Schon Freddy Quinn, der singende Verhaltensforscher deutscher Seele, konnte sich des Einverständnisses seines Millionenpublikums sicher sein, als er feststellte:

»Es kommt der Tag, da will man in die Fremde,
dort wo man lebt, scheint alles viel zu klein.
(...)

Fährt ein weißes Schiff nach Hongkong,
hab ich Sehnsucht nach der Ferne.
Aber dann in weiter Ferne
hab ich Sehnsucht nach Zuhaus.«

Ist es einmal nicht der eigene Antrieb, aus dem heraus der Mensch Matrose wird und in Richtung Hongkong in See sticht, kann Reiselust aushilfsweise von äußeren Anlässen geweckt werden. Gustav von Aschenbach, der Protagonist in Thomas Manns »Der Tod in Venedig« (1913), unternimmt zu Beginn der Novelle in München einen Spaziergang, auf dem er einen Mann beobachtet: »Mäßig hochgewachsen, mager, bartlos und auffallend stumpfnäsig, gehörte der Mann zum rothaarigen Typ und besaß dessen milchige und sommersprossige Haut. Offenbar war er durchaus nicht bajuwarischen Schlages: wie denn wenigstens der breit und gerade gerandete Basthut, der ihm den Kopf bedeckte, seinem Aussehen das Gepräge des Fremdländischen und Weitherkommenden verlieh (...). Mochte nun aber das Wanderhafte in der Erscheinung des Fremden auf seine Einbildungskraft gewirkt haben oder sonst irgendein physischer oder seelischer Einfluß im Spiele sein: eine seltsame Ausweitung seines Innern ward ihm ganz überraschend bewußt, eine Art schweifende Unruhe, ein jugendlich durstiges Verlangen in die Ferne.« (Thomas Mann: Die Erzählungen, Seite 495f.)

Wenn nicht der Akt des Ortsveränderns an sich, so ist zumindest der Ort, an den man wechselt, bezeichnend. Freddys Fernweh-Hongkong, die Stadt mit dem asiatischen Zauber, der in Ermangelung von China-Restaurants im damaligen Deutschland noch ganz unverbraucht war, bedeutet eine ganz andere Fremde als jenes Reiseziel Venedig, diese doppeldeutige, halb fischige, halb fleischliche Luststadt der aschenbachschen Einbildungskraft.

Besonders deutlich wird die Ausdruckskraft eines Ortswechsels in den Evangelien, wo es heißt, Jesus habe die meiste Zeit seines Lebens in Nazaret zugebracht, einem kleinen Ort in der Gegend von Japha. Dann brach er auf, um sich von Johannes, dem asketischen Bußprediger am südlichen Jordan, taufen zu lassen (Mk 1, 9). Johannes wirkt in der Wüste. Joachim Gnilka stellt ihn in seinem Buch »Jesus von Nazaret« folgendermaßen dar: »Die äußere Lebensweise des Täufers stimmt mit seiner Gerichtspredigt überein. Er wählte als Ort seiner Tätigkeit die Wüste, weil diese als der Ort des eschatologischen Neubeginns galt.« (Joachim Gnilka: Jesus von Nazaret. Freiburg im Breisgau 1993, Seite 82f.) Jesus lernt Johannes und seine Welt kennen, läßt sich taufen, schließt sich ihm aber nicht an, sondern begibt sich »wieder zurück nach Galiläa, nicht nach Nazaret, sondern in das Gebiet am West- und Nordufer des Sees Genesaret, um mit seinem eigenen Wirken zu beginnen. Er wählte nicht die Wüste, sondern das freundliche und fruchtbare Land der Bauern und Fischer.« (Seite 85) Hier vollbringt er auch seine Wunder, deren erstes laut Johannesevangelium nicht gerade in der Fastentradition des Täufers steht: Als Brautleuten während ihrer Hochzeitsfeierlichkeit der Wein ausgeht, drängt Maria ihren Sohn zu helfen, und dieser verwandelt – nach anfänglichem Sträuben – sechs Krüge Wasser in Wein (Joh 2,1–12). Jesus erfährt aber auch die psychische Lähmung, die einen in der alten Heimat befallen kann. Nachdem er die zwölfjährige Tochter des Jaïrus von den Toten auferweckt hatte, »brach Jesus auf und kam in seine Vaterstadt; seine Jünger begleiteten ihn. Am Sabbat lehrte er in der Synagoge. Und die vielen Menschen, die ihn hörten, gerieten außer sich und sagten: Woher hat er das? Was ist das für eine Weisheit, die ihm gegeben ist! Wie kommt es, daß solche Machttaten durch seine Hand geschehen! Er ist doch der Sohn des Zimmermannes und der Maria, ein Bruder von Jakobus, Joses, Judas und Simon. Leben nicht seine Schwestern hier unter uns? Und sie nahmen Anstoß an ihm und lehnten ihn ab. Da sagte Jesus zu ihnen: Nirgends hat ein Prophet so wenig Ansehen wie in seiner Vaterstadt und unter seinen Verwandten und in seinem eignen Hause! Und er konnte dort nicht eine einzige Machttat tun.« (Mk 6,1–5)

Besser also Abstand halten vom Ziel seines Heimwehs. Der US-amerikanische Lyriker und Creative-Writing-Lehrer Richard Hugo, der besonders für seine poetischen Stadtportraits bekannt geworden ist, weist in seiner Aufsatzsammlung »The Triggering Town« (1982) darauf hin, wie impulsgebend der ferne oder fremde Ort besonders dann ist, wenn er uneinholbar bleibt, Phantasiegebilde. Eine Stadt, die man portraitieren möchte, müsse man nicht notwendig kennen. Manchmal wirke sie im Aggregatzustand der Imagination viel anregender. Selbst wenn es um ›reale‹ Städte gehe, sei ein persönlicher Besuch oder sonstige Recherche schlimmstenfalls hinderlich. Hugo schlägt eine »Stadt, deren Ansicht man mag, ohne viel von ihr zu wissen« (Richard Hugo: The Triggering Town. New York/London 1992, Seite 13), als Übungsgelände und Ausflugsziel für die eigene Einbildungskraft vor, ein ewiges Hongkong der Seele.

Literarische Klaustrophilie

Ortswechsel variieren die Figur, eröffnen neue Handlungs- und Spielräume oder beschränken ihren Aktionsradius im Gegenteil auf dramatisch-ergiebige Weise.

Im Jahr 1719 erscheint Daniel Defoes Roman »Robinson Crusoe«. Die Handlung dieses wohl ersten modernen englischen Romans basiert größtenteils auf den Erlebnissen des schottischen Seemanns Alexander Selkirk. Dieser hatte viereinhalb Jahre lang auf der Pazifikinsel Juan Fernandez gehaust, die etwa 600 km nordwestlich von Chile liegt, bevor ihn Kapitän Woodes Rogers befreite. Selkirks Rettung und sein Inselleben sorgten im England des Jahres 1709 für großes Aufsehen. Rogers veröffentlichte Selkirks Geschichte in »Cruizing Voyages round the World« (1712), Richard Steele griff sie in einer Nummer seiner Zeitschrift »The Englishman« (Dezember 1713) auf. Defoe verwertete diese Berichte, daneben eventuell auch noch die »Historical Relation of Ceylon« (1681) von Robert Knox, der neunzehn Jahre in völliger Isolation als Gefangener auf Ceylon verbracht hatte.

Isolation – im Wort steckt die Isola, die Insel. »Isolieren« bedeutet demnach in seinem Kern »zur Insel machen« oder »etwas von allem abtrennen, wie eine Insel vom Festland«.

Daniel Foe oder Defoe, wie sich der mehrfache Bankrotteur, gelegentliche Regierungsspitzel und Journalist seit seinem vierzigsten Lebensjahr nannte, versetzt in seinem Alterswerk (er schreibt den Robinson Crusoe mit sechzig Jahren) den Helden in eine komplexe Isolation. Abgeschieden von seiner Heimat, dem Festland und anderen Menschen, rekonstruiert Robinson Crusoe (verballhornt für »Kreutznar«) aus dem Wrack seines gestrandeten Schiffes die ideale menschliche, das heißt britische Zivilisation. Er zähmt wilde Ziegen, baut Getreide an, erntet und backt Brot; er behaust sich mit einem Zelt und friedet seine Wohnstatt mit einem Palisadenzaun ein; schließlich rettet und zivilisiert er den wilden Freitag, der ihm später als Diener nach England folgt.

Defoe hat zwei Fortsetzungen zu »Robinson Crusoe« geschrieben. In »The Farther Adventures of Robinson Crusoe« (1719) bricht dieser zu einer Reise auf, die ihn kurzfristig zu seiner Insel zurück, dann aber unter anderem nach Persien, Indien, China und Rußland führt. Im dritten Teil, »Serious Reflections during the Life and Surprizing Adventures of Robinson Crusoe« (1720), läßt er seinen Helden über seine innere Entwicklung während des Inseldaseins nachdenken. Beide Fortsetzungen erreichten allerdings nie die Popularität des ersten Teils. Was immer die Zweitrangigkeit im Interesse des Publikums sonst noch begründet haben mag, eines ist auffällig: Der

»Der Garten Eden im Stundenbuch des Jean Duc de Berry – Protogeschichte der Menschheit auf engstem Raum«

ursprüngliche Insel-Crusoe lebt in einem fast ideal abgeschlossenen Mikrokosmos, entwickelt und bedient eine gewisse literarische Klaustrophilie, eine Vorliebe für abgeschlossene Räume.

Die Einheit des Schauplatzes ist eine der Forderungen schon des Aristoteles an das klassische Theater. Die Einheit des Raums soll der Einheit von Zeit und Handlung dienen. Um strenge Befolgung dieser Regel bemüht sich noch im 18. Jahrhundert – und etwa dreißig Jahre nach Defoes Roman – Lessing in seinem Lustspiel »Der junge Gelehrte« (1747), welches sich mit allen Auftritten so vollständig in der Studierstube des jungen gelehrten Damis abspielt, daß der Held allmählich verzweifelt: »Will denn meine Stube heute gar nicht leer werden? Bald ist der da, bald jener; bald die, bald jene. Soll ich denn nicht einen Augenblick allein sein? *(Setzt sich an einen Tisch)* Die Musen verlangen Einsamkeit.« (Gotthold Ephraim Lessing: Das dichterische Werk. Band 1. München 1979, Seite 341)

Aber die Isolation bewährt sich auch dort als darstellerisches Prinzip, wo die Trinität von Raum, Zeit und Handlung aus grundsätzlichen Erwägungen relativiert ist – »Gegen die drei Einheiten ist nichts zu sagen, wenn das Sujet einfach ist; gelegentlich aber werden dreimal drei Einheiten, glücklich verschlungen, eine sehr angenehme Wirkung tun«, wie Goethe in der Nr. 923 seiner »Maximen und Reflexionen« sagt – oder suspendiert erscheint:

Der beschränkte Ort komprimiert die Handlung – darauf beruht der Reiz vieler Geschichten, die auf engstem Raum spielen. Zu erinnern wäre hier nicht nur an Inselgeschichten in der Nachfolge Robinson Crusoes wie Stevensons »Schatzinsel« oder Herbert George Wells »Insel des Dr. Moreau« (1904), sondern auch Erzählungen, die ihre Figuren während der gesamten Aktionszeit oder zu deren Höhepunkten in den Raum eines Gebäudes einschließen, wie die zahlreichen Gerichtsfilme, die auf den Verhandlungsraum oder, wie im Fall des Films »Die zwölf Geschworenen« (USA 1957; Regie: Sidney Lumet), das Beratungszimmer der Jury konzentriert sind.

In jüngster Zeit haben einige Regisseure versucht, den Spielraum ihrer Akteure völlig zu minimalisieren und sie in den denkbar kleinsten Ort, den Aufzug, einzuschließen: So geschehen im »Fahrstuhl zum Schafott« (Frankreich 1957; Regie: Louis Malle), im »Fahrstuhl des Grauens« (Niederlande 1982; Regie: Dick Maas) oder in »Abwärts« (Deutschland 1984; Regie: Carl Schenkel). Aus Hitchcocks »Unsichtbarem Dritten« könnte man an die Szene denken, in der Cary Grant mit seiner Mutter und zwei Verfolgern in einem Fahrstuhl fährt. Die von der Kabine erzwungene physische Nähe aller Beteiligten erhöht einerseits die Bedrohung, ermöglicht andererseits eine verblüffende Wendung: Die Mutter spricht die beiden Herren an, ob sie wirklich ihren Sohn ermorden wollen. Die beiden Agenten flüchten sich in Gelächter, die übrigen Passagiere fallen mit ein.

Schließlich bleiben die Reisegeschichten zu erwähnen, die fast ausschließlich in einem Fahrzeug spielen: Jules Vernes prototypische »Reise um den Mond« (1869) oder die in der Nautilus zurückgelegten »20000 Meilen unter den Meeren« (1870) ebenso wie Agatha Christies »Mord im Orient-Express« (1934).

Geradezu als Fusion von Insel und isolierendem Fahrzeug, als Sinnbild idyllischen Lebens auf engstem Raum erscheint in diesem Zusammenhang der Beatles-Song vom »Yellow Submarine«, jenem technisch-mobilen Hortus Conclusus des 20. Jahrhunderts, der zum Abschluß wie zum Mitsingen hier zitiert sein soll:

»We all live in a yellow submarine …
And our friends are all on board.
Many more of them live next door,
and a band begins to play …

And we live a life of peace.
Any one of us has all he needs:
Sky of blue and sea of green
in our yellow submarine.«

Heldenwetter

Im Appendix C zu seinen »Aspects of the Novel« (1927) schreibt E. M. Forster zum Thema »Gebrauch des Wetters«:

»In einfachen Geschichten wie dem normalen Kindermärchen muß das Wetter gar nicht vorkommen. Oder es existiert nur zu einem dekorativen Zweck, wie die golden-orientalische Morgenröte in den Gedichten Spensers (...). Es mag als nützliches Anhängsel der Handlung Verwendung finden: Am Ende von ›The Mill on the Floss‹ (...) fällt der Regen und steigt die Flut einzig mit dem Ziel, Tom und Maggie zu ertränken. Oder es mag eingesetzt werden, um einen Charakter zu illustrieren: Über Clara Middleton in ›The Egoist‹ erfahren wir, daß sie ›die Kunst beherrscht, sich passend einzukleiden je nach Jahreszeit und Himmel‹, deshalb vermittelt uns jeder Blick auf die Witterung eine Ahnung von ihrem Erscheinungsbild. Etwas kunstvoller scheint mit dem Wetter dort umgegangen zu werden, wo es sich in prä-stabilisierter Harmonie mit der Stimmung der Charaktere befindet (...). Auf der anderen Seite kann das Wetter im genauen emotionalen Kontrast zu den Charakteren stehen: Der Herr von Ballantrae und Mr. Henry duellieren sich in einer völlig lautlosen, eiskalten Nacht. Dann wieder kann das Wetter benutzt werden um die Handlung zu bestimmen: In Kiplings früher Erzählung ›False Dawn‹ bewirkt ein Sandsturm, der ihm jede Sicht nimmt, daß Saumarez um die Hand der falschen Frau anhält. Auch kann das Wetter als Aufsichtsorgan über eine Figur eingesetzt werden: Der ungeheuer starke Sturm gegen Ende von ›Richard Feverel‹ (...) zwingt den Helden zu seiner Frau zurückzukehren. (...) In seltenen Fällen kann das Wetter sogar selbst zum wahren Helden der Geschichte werden: Der große Ausbruch des Vesuvs in den ›Letzten Tagen von Pompeji‹ beherrscht am Ende die Geschichte.

Obwohl das Wetter ein Thema ist, das jedermann auf der Zunge liegt, gibt es doch nicht viele Menschen, die über das Wetter mit Verstand und Kunst sprechen können. Sehr wenige Autoren haben es in Sachen Wetter zur Meisterschaft gebracht, und die meisten von ihnen sind tot. Diese Meisterschaft basiert zu gleichen Teilen auf der detaillierten und genauen Beobachtung natürlicher Erscheinungen und auf einem philosophischen Sinn für das Verhältnis zwischen diesen Erscheinungen und den Angelegenheiten des Menschen.« (Edward Morgan Forster: Aspects of the Novel. London 1976, Seite 179f.)

Der Autor ist diesem Kompendium zufolge als Wettermacher in der Lage, seinen Charakter in einen meteorologischen Kontext zu stellen, der, um einmal grob zu unterteilen, sich diesem Charakter gegenüber entweder neutral verhält oder parteiisch. In diesem zweiten, funktionalen Fall gibt es zwischen dem Helden und seinem Wetter entweder eine Konkordanz oder eine Dissonanz.

Das Wetter, das von seiner Wortherkunft nur »Wehen, Wind, Luft« bedeutet, wird in diesem Zusammenspiel zur Illustration, zur Kulisse oder, nach Maßgabe der klimatischen Bühnentechnik eines Autors, zum dramatischen Naturschauspiel:

»Den 20. Jänner ging Lenz durch's Gebirg. Die Gipfel und hohen Bergflächen im Schnee, die Thäler hinunter graues Gestein, grüne Flächen, Felsen und Tannen. Es war naßkalt, das Wasser rieselte die Felsen hinunter und sprang über den Weg. Die Äste der Tannen hingen schwer herab in die feuchte Luft. Am Himmel zogen graue Wolken, aber Alles so dicht, und dann dampfte der Nebel herauf und strich so schwer und feucht durch das Gesträuch, so träg, so plump. (… M)anchmal, wenn der Sturm das Gewölk in die Thäler warf, und es den Wald herauf dampfte, und die Stimmen an den Felsen wach wurden, bald wie fern verhallender Donner, und dann gewaltig heran brausten, in Tönen, als wollten sie in ihrem wilden Jubel die Erde besingen, und die Wolken wie wilde wiehernde Rosse heransprengten, und der Sonnenschein dazwischen durchging und kam und sein blitzendes Schwert an den Schneeflächen zog, so daß ein helles, blendendes Licht über die Gipfel der Thäler schnitt; oder wenn der Sturm das Gewölk abwärts trieb und einen lichtblauen See hineinriß, und dann der Wind verhallte und rief unten aus den Schluchten, aus den Wipfeln der Tannen wie ein Wiegenlied und Glockengeläute heraufsummte (...), riß es ihm in der Brust.« (Georg Büchner: Lenz, in: Sämtliche Werke. Band 1. München 1974, Seite 79f.)

Friedrich Christian Delius hat sich 1971 mit dem Wetter als »Kunstmittel« und seinem »ideologischen Gebrauch im Roman des bürgerlichen Realismus« auseinandergesetzt. Seine Grundthese: »Das Wetter in der epischen Fiktion kann als eine von vielen Autoren geübte Realisierung eines ökonomischen Prinzips gesehen werden: Mit relativ wenig Aufwand (Aspekt der Produktion) wird eine relativ große Wirkung (Aspekt der Rezeption) erzielt.« (Friedrich Christian Delius: Der Held und sein Wetter. München 1971, Seite 8) Daraus folgt im einzelnen zum Beispiel: »Ein eindeutiges, also einfach zu interpretierendes Wetter kann dem Leser das Verständnis und die Einordnung von Einzelheiten oder des ganzen Kontextes erleichtern. Dabei greift der Erzähler auf die vorherrschende Wetterbewertung zurück (›schönes‹ Wetter – die Lage ist ausgezeichnet bis hoffnungsvoll, ›schlechtes‹ Wetter – die Lage ist bedenklich bis aussichtslos), ein Schema, das sich vielfach, selbst ironisch variieren läßt. (...) Was per Wetter gesagt werden kann, erspart den direkten oder bekräftigt den indirekten Kommentar.« (Seite 58f.)

In diesem Sinne spiegelt das Lenzsche Wetter durchaus dessen vernebeltes, unstet-sprunghaftes Bewußtsein wider. Die weitgehende Identität von Wetter und Natur ist im Büchner-Text überdeutlich: Natur agiert in Form von Wetter. Für eine überwiegend urban geprägte Kultur wird das Wetter mehr und mehr zum Restposten der Natur. Da wäre es verwunderlich, wenn die Figur mehr von der Natur hätte als ihr Urheber, gesünder lebte, wetterfühliger wäre als er. Schon Tschechov hat zu sparsamem Einsatz der Natur geraten:

»Naturbeschreibungen müssen meiner Meinung nach sehr kurz sein und den Charakter des *à propos* besitzen. (...) In Naturbeschreibungen muß man sich an kleine Einzelheiten halten, die man so gruppiert, daß sie beim Lesen, wenn man die Augen schließt, ein Bild ergeben. Du hast zum Beispiel die Mondnacht, wenn du schreibst, daß auf dem Mühlenwehr der Hals einer zerbrochenen Flasche blitzt wie ein heller Stern.« (Brief Nr. 49)

In unserer Kultur ist die Natur zu einer Randerscheinung geworden. Wir leben innen, und unsere Häuser haben, wenn sie vollklimatisiert sind, ihre hauseigene Wetterkontrolle. Und das heißt: ihr eigenes Wetter.

Besonders die sogenannten Hochhäuser sorgen innen wie außen für eigenartige meteorologische Verhältnisse. So spricht der Wolkenkratzerforscher Johann N. Schmidt von einer hochhausbewirkten »Beraubung und Umverteilung von Luft und Licht, so daß ein künstliches Mikroklima innerhalb und außerhalb der Gebäude entsteht. Die Schatten, die die Türme des *World Trade Center* auf das südliche Manhattan bis zum East River werfen, können am späten Nachmittag eine Länge von über drei Kilometern erreichen. (...) Die horizontal auftretenden Winde bilden heftige Wirbel, die die Kraft von Orkanböen erreichen, während im Bodenbereich der sogenannte ›spinning effect‹ die Fußgänger einem tornadoartigen Strudel aussetzt. (...) Ab einer gewissen Höhe würde jede Zeitung, die aus dem Fenster eines Wolkenkratzers geworfen wird, nach oben geweht werden. Ähnlich verhält es sich bei den sogenannten ›up-draughts‹, die an Glasfassaden entstehen: der Regen steigt aufgrund des Druckdifferentials zwischen Innen und Außen in die Höhe, statt zu fallen.« (Johann N. Schmidt: Wolken-Kratzer. Ästhetik & Konstruktion. Köln 1991, Seite 39–45)

Auch das Wetter ist nicht mehr pure Natur, und wer als Autor nur natürliche Lebensräume und ein natürliches

Klima rezitiert, kommt der Idylle näher, als vielleicht gewollt.

Unser Lebensraum ist das vollklimatisierte Auto ebenso wie das Ferienparadies inmitten der Großstadt, in dem die Tropen aufgeführt werden wie andernorts ein Theaterstück. Kein Grund also, die Figuren stehen zu lassen im Regen des 19. Jahrhunderts.

Medien

Jede Zeit hat ihre Medien; die Arten der Kommunikation sind epochal verschieden. Wolfgang Koeppen äußerte sich 1962 im »Werkstattgespräch« mit Horst Bienek: »Unbedingt halte ich das Fernsehen, wie auch den Film, für das Medium der Zeit und auch des Dichters in dieser Zeit. Lockend für den Hervorbringer und gefährlich für den Zuschauer.« (Wolfgang Koeppen: Einer der schreibt. Hg.: Hans-Ulrich Treichel. Frankfurt am Main 1995, Seite 25) In der Hochzeit der Postkultur, im 18. und 19. Jahrhundert, waren Briefromane hochmodern; bis vor kurzem waren es Copy-Art-Werke, heute der Internet-Roman.

Das Medium kann ebenso gut Mittel des Autors sein wie Mittel der Figur. Als in Franz Kafkas Roman »Das Schloß« (1922) Schwarzer, der sich K. gegenüber als Sohn des Hofkastellans vorgestellt hat, zum Telephon greift, ist K. noch überrascht: »Wie, auch ein Telephon war in diesem Wirtshaus? Man war vorzüglich eingerichtet.« (Franz Kafka: Das Schloß. Frankfurt am Main 1982, Seite 10) Der Selbstwählferndienst war in Deutschland erst 1906 eingeführt worden, in Österreich-Ungarn vermutlich im selben Zeitraum. Jedenfalls ist das verhältnismäßig neue Medium im Schloß-Roman noch nicht ganz geheuer, wie K. bemerkt, als er selbst zum Hörer greift: »Aus der Hörmuschel kam ein Summen, wie K. es sonst beim Telephonieren nie gehört hatte. Es war wie wenn sich aus dem Summen zahlloser kindlicher Stimmen – aber auch dieses Summen war keines, sondern war Gesang fernster, allerfernster Stimmen – wie wenn sich aus diesem Summen in einer geradezu unmöglichen Weise eine einzige hohe aber starke Stimme bilde, die an das Ohr schlug so wie wenn sie fordere tiefer einzudringen als nur in das armselige Gehör.« (Seite 36) Daß im Medium eine ganze, innere Welt beschlossen liege, ist eine häufig durchgespielte phantastische Vermutung: In alten Cartoons sieht man winzigkleine Kapellen im Gehäuse eines Radios spielen; Woody Allens »Purple Rose of Cairo« zeigt, wie eine Zuschauerin in die Zelluloid-Welt hinaufgehoben wird wie weiland Maria in den Himmel; der Science-fiction-Autor William Gibson ersann seinen Figuren den Cyberspace als digital-elektronische Sphäre.

Neue Medien sind unheimlich, sie stehen unter Generalverdacht, mindestens aber unter dem Verdacht, mit ihren Mitteln den Niedergang der bewährten kulturellen Muster einzuleiten.

Das Urbild dieser Vorab-Kritik am neuen Medium kann man in Platons Dialog »Phaidros« (gegen 370 v. Chr.) nachlesen, in dem Sokrates den Mythos vom ägyptischen Gott Theuth erzählt. Als Theuth, dieses erfinderische höhere Wesen, dem Pharao die Schrift anbietet, wehrt der König ab: Diese »Erfindung wird den Seelen der Lernenden vielmehr Vergessenheit einflößen aus Vernachlässigung der Erinnerung, weil sie im Vertrauen auf die Schrift sich nur von außen vermittels fremder Zeichen, nicht aber innerlich sich selbst und unmittelbar erinnern werden.« (Platon: Phaidros. Reinbek bei Hamburg 1958, 274c–275a).

Seit der Erfindung der Schrift durch Theuth, die Ein-Mann-Forschungsabteilung des ägyptischen Pantheons, haben sich die Untergänge zunächst Ägyptens, dann des benachbarten Abendlandes die Klinke in die Hand gegeben: Verderben sollte die Kultur unter anderem durch den Buchdruck (15. Jahrhundert), der die alte Kunst der Handschrift unter sich begrub; durch den Roman, der vom Lesen frommer Schriften, durchs Theater, das vom Lesen überhaupt abhielt (18. Jahrhundert); durch das Radiohören, welches dem Theater zusetzte; das Kino, da es dem Radio den Garaus machte; das Fernsehen, das zu Lasten des Kinos auf Sendung ging; durchs Telephon, welches das Ende der Briefkultur einläutete; die Comics, die überhaupt alleszersetzend und unter aller künstlerischen Würde waren; den privaten Rundfunk, das Computer-, Trading-Card- und Rollenspiel, das Internet und wohl immer so weiter.

Es kennzeichnet die Figur nicht nur als Zeitgenossen einer bestimmten medialen Ära, sondern charakterisiert sie in einem viel weiteren Sinn, welche Medien sie auswählt und nutzt, über welche technischen Fernsinne sie sich eine wie gefilterte Welt vor Augen oder Ohren führt.

Texte bestehen aus Texten I: Zitat und Anverwandlung

Faustus in seinem Studierzimmer:

»Genug studiert, Faust!
Zieh erst einmal das Fazit und sondiere
die Tiefe des Erreichten und Gewollten!
Als Theolog begannst du, bleib's nach außen,
doch ziel drauf ab, das Höchste und den Sinn
jedweder Kunst zu eigen dir zu machen. (…)
Ist gut zu disputieren höchster Sinn
der Logik? Wirkt sie keine größren Wunder?

Dann lies nicht mehr, *das* Ziel hast du erreicht!
(...)
Sei, Faust, ein Arzt und scheffle Gold (...).
Doch bist du stets nur Faustus und ein Mensch.
Könntst du die Menschen ewig leben machen
oder Gestorbne wiederum beleben, dann wär die Medizin was wert.
Fort, Medizin!
(...) Wo ist der Justinian?
(Liest.) (...) Solch Zeug ist der Institutionen Inhalt
und füllt das ganze Corpus Juris.
(...) Mir ist's zu starr, zu unfrei und servil.
Alles erwogen, bleibt Theologie
das Beste. Fauste, lies die Bibel richtig!
(...) Wie der Gedanke mächtig mich berauscht!
Soll ich die Geister rufen, daß sie mir
Gewünschtes schaffen, alle Zweifel lösen,
verwegenste Ideen verwirklichen?«

So heißt es in Christopher Marlowes Stück »Die tragische Historia vom Doktor Faustus« (ca. 1588/89; hier zitiert nach der von Adolf Seebass herausgegebenen Ausgabe: Stuttgart 1977, Seite 6–8). Der Goethesche Faust liest sich vor diesem Hintergrund wie eine Variante, eine konzentrierte Version:

»Habe nun, ach! Philosophie,
Juristerei und Medizin,
Und leider auch Theologie
Durchaus studiert, mit heißem Bemühn.
Da steh ich nun, ich armer Tor,
Und bin so klug als wie zuvor! (...)
Drum hab ich mich der Magie ergeben,
Ob mir durch Geistes Kraft und Mund
Nicht manch Geheimnis würde kund. (...)
Daß ich erkenne, was die Welt
Im Innersten zusammenhält. (...)
Wir sehnen uns nach Offenbarung,
Die nirgends würd'ger und schöner brennt

Als in dem Neuen Testament.
Mich drängt's, den Grundtext aufzuschlagen.«
(Werke, Band 3; Seite 20–44)

Die Absage an das Generalstudium aller vier Fakultäten, Geisterbeschwörung und Bibellektüre tauchen in beiden Faust-Texten auf. Obwohl Goethe erst am 11. Juni 1818, also mehr als vierzig Jahre nach dem Ur-Faust, in seinem Tagebuch als Lektüre »Doctor Faust von Marlowe« verzeichnet, kommt Otto Heller in seiner 1931 in den Washington University Studies veröffentlichten Untersuchung »Faust and Faustus. A Study of Goethe's Relation to Marlowe« zu dem Schluß, Goethe müsse »doch schon bei der Abfassung seines ersten Teiles von Marlowes Drama eine nähere Kenntnis gehabt haben (...). Ein Exemplar (...) des ersten Nachdrucks der Erstausgabe von 1604 befindet sich in Hamburg und gehörte (...) zu einem Sammelband von vierzehn englischen Dramen, (...) von denen mehrere nachweislich zum Repertoire der englischen Komödianten gehörten, was darauf hindeutet, daß der Band von den englischen Spielern verwendet worden ist«. (Seite 76) Unter Umständen hatten die englischen Puppenspieler, deren Faust-Inszenierung Goethe sah, auf den Marlowe-Text zurückgegriffen.

Texte aus Textmodulen zusammenzufügen, ist seit biblischen Zeiten literarische Praxis. Beispielsweise wurde die mesopotamische Sintflut-Erzählung, auf welcher das Gilgamesch-Epos fußt, komplett mit Arche und zoologischer Fracht vom Autor der Noah-Geschichte übernommen und dem monotheistischen Kontext angepaßt.

Ein Plagiatsverdacht sollte hier sowenig erhoben werden wie im Falle der Verwendung derselben Worte in zwei verschiedenen Texten. Die Tatsache, daß Marlowe den Ausdruck »studiert« benutzt, wird niemanden dazu verleiten, das Wort als Eigentum des englischen Autors anzusehen, welches Goethe diesem nur im Zuge eines geistigen Diebstahls wieder hätte entwenden können. Roland Harweg, der Bochumer Textlinguist, vertritt die Ansicht, daß überhaupt der Text, und nicht etwa das Wort, die kleinste sprachliche Einheit darstellt. Wir verständigen uns nicht in Einzelworten, sondern in Texten, die allerdings auf Satz- oder gar Einwortgröße schrumpfen können, im Falle, der situative Kontext steuert Verständnishilfen bei. Wenn ich auf einen mir völlig fremden Menschen zugehe und sage »Zahlen«, wird er mich nicht verstehen; wenn ich dasselbe Wort als Gast in einem Café dem Kellner zurufe, begreift er es problemlos: Das Wort ist Text geworden.

Worte, Sätze, Texte liefern das Material der Literatur; anders gesagt: Sprachliche Zeichen beginnen nicht plötzlich ab einer bestimmten Größe, Eigentum eines anderen als desjenigen zu sein, dem es zuerst gelang, sie in dieser Reihenfolge zu äußern.

Allerdings können die adaptierten umfangreicheren sprachlichen Funktionseinheiten auf verschiedene Weisen eingesetzt werden: als unverändertes, gewissermaßen rohes Zitat oder als anverwandelte Passage, der man die Herkunft nicht mehr auf den ersten Blick anmerkt.

Thomas Mann hat diese Technik der Anverwandlung immer wieder, besonders ausführlich aber in seinem »Doktor Faustus«, angewendet, wie die schwedische Literaturwissenschaftlerin Gunilla Bergsten im Detail nachweist. Ein Beispiel:

»Eine in Manns *Faustus* und Goethes *Faust* übereinstimmende Einzelheit ist die Schilderung der Väter der beiden Helden. Beide sind Grübler und lieben es, über die Mysterien der Natur zu spekulieren.« (Gunilla Bergsten: Thomas Manns Doktor Faustus. Untersuchungen zu den Quellen und zur Struktur des Romans. Stockholm 1963, Seite 61) Nachdem dieser Charakterzug übernommen worden ist, bedient sich Mann für die Art der Spekulation von Jonathan Leverkühn aus einer ganz anderen, durchaus nicht zeitgenössischen Quelle; er »erzählt ausführlich von des alten Leverkühns Büchern über exotische ›Falter und Meergetier‹. Rein sachlich baut Mann hier jedoch auf modernen wissenschaftlichen Kommentaren. ›Falterschönheit‹ heißt das eine Werk mit einer Einleitung des

Zoologen Adolf Portmann, aus dem Mann lange Stücke in seinen Roman eingeflochten hat:

»Portmann:

Im Gegensatz zu Rot und Gelb oder Schwarz ist das Blau meistens nicht eine echte Farbe, sondern es entsteht durch komplizierte feinste Rillen und andere Oberflächenstrukturen der Schüppchen. Diese Mikrostruktur bricht und reflektiert das Licht so eigenartig, daß nur das intensivste Blaulicht noch in das Auge des Beobachters gelangt, während alle anderen Strahlen auf komplizierte Art ausgeschaltet werden. Strukturblau nennt der Forscher ein solches Blau, das – wie übrigens auch das Blau des Himmels – nicht durch einen nachweisbaren Farbstoff erzeugt wird.

Doktor Faustus:

Die herrlichste Farbe, die sie zur Schau tragen, ein traumschönes Azurblau, sei, so belehrte uns Jonathan, gar keine echte und wirkliche Farbe, sondern werde durch feine Rillen und andere Oberflächengestaltungen der Schüppchen auf ihren Flügeln hervorgerufen, eine Kleinstruktur, die es durch künstliche Brechung der Lichtstrahlen und Ausschaltung der meisten besorge, daß allein das leuchtendste Blaulicht in unser Auge gelange.

Aus der Bemerkung über die blaue Farbe des Himmels hat Mann Jonathans ruhige Antwort auf die ängstliche Frage der Gattin, ob die schöne azurblaue Farbe der Schmetterlinge eine Illusion sei, geholt: ›Nennst du das Himmelsblau Trug?‹« (Seite 61f.)

Auch Leverkühns Ausflug in den Kosmos und seine Tauchfahrt in die Meerestiefen werden aus naturwissenschaftlichen Vorlagen heraus- und in die Künstlerbiographie hineinmontiert; für Leverkühns, des Tonsetzers, Kompositionen zieht er unter anderem Theodor W. Adorno zu Rat, der von Mann geradezu als Ghostwriter für Leverkühns erstes Hauptwerk, die »Apocalipsis cum figuris«, entlarvt wird: »Wiederholt war ich in den folgenden Wochen bei ihm und nahm, bei einem guten, häuslich aufgesetzten Fruchtlikör, fliegend, in Stichworten, Verbesserungen und Präzisierungen für frühere musikalische Darstellungen und charakteristische Einzelheiten auf, die er sich für das Oratorium zurechtgelegt hatte.« (Thomas Mann: Die Entstehung des Doktor Faustus, Seite 109)

Auch dies insgesamt natürlich kein ganz neues Verfahren: Bereits Stevenson bat seinen Vater um Mithilfe für die »Schatzinsel«: »My father caught fire at once (...) he (...) set himself acting to collaborate. When the time came for Billy Bone's chest to be ransacked, he must have passed the better part of a day preparing (...) an inventory of its contents, which I exactly followed.« (R. L. Stevenson: Essays in the Art of Writing, Seite 126f.)

Allein, das ganz exakte Befolgen ist Manns Sache nicht mehr; nach einem Vortrag von Bruno Frank notiert er: »Mir merkwürdig aber: Er benutzt den humanistischen Erzähl-Stil Zeitbloms vollkommen ernst, als seinen eigenen. Ich kenne im Stilistischen eigentlich nur noch die Parodie.« (Thomas Mann: Die Entstehung des Doktor Faustus, Seite 40)

Texte bestehen aus Texten II: Die Parodie

In der Parodie ist der parodierte Gegenstand – ein Text, ein Mensch, ein Stil – in verschrobener Form gegenwärtig, oder, um es weniger metaphysisch zu sagen: Die Parodie ruft das parodierte Original in Erinnerung, reaktiviert die Vorlage, die im Gedächtnis des Lesers gespeichert ist.

Ohne ein dort bewußtes Original bleibt die Verzerrung wirkungslos. Je volkstümlicher die Vorlage, desto verständlicher wird die Parodie.

Ambrose Gwinett Bierce (1842–1914?), angeleitet durch weltliche Belehrung, wagte eine Neufassung für das Vaterunser vorzuschlagen:

»O Herr, der Du, wie wir für den Zweck dieses Bittgebets annehmen wollen, Himmel und Erde erschaffen hast; und der Du, sagen wir mal, von Ewigkeit zu Ewigkeit währest: Dich flehen wir an, Deine Aufmerksamkeit zu richten auf einen Haufen der verworfensten Affenärsche, auf denen Dein Auge ruhen zu lassen Du jemals das Vergnügen hattest. Dies im Namen Deines Sohnes, den wir aufgeknüpft haben, Amen.«

Ohne Kenntnis der Vorlage entgeht der Witz, die Richtung seines Angriffs. Als ebenso aufschlußreich wie das auswendig gewußte Vaterunser-Original erweist sich die Information zum Erfahrungshintergrund des Verfassers dieser neuen Version: Bierce hat im amerikanischen Bürgerkrieg an der Schlacht von Shilo teilgenommen, wo sich Konföderierte und Unionssoldaten zu Tausenden abschlachteten. Bierces Flehen scheint sich aus der Annahme gespeist zu haben, der reziproke Massenmord müsse dem aufsichtführenden höchsten Wesen irgendwie entgangen sein. Das Bild des auf Affenärschen ruhenden Auges Gottes verblaßt ohne diesen lebensgeschichtlichen Hintergrund zu einem lustig-lästerlichen Gag.

Wer aber auf die umfassende Kenntnis des Publikums nicht mit Sicherheit rechnen kann, wird das parodierte Original in die Parodie implantieren müssen. Diesen Weg wählt unter anderem Dostojewskij, um seinen von ihm geringgeschätzten Kollegen Turgenjew durch den Kakao zu ziehen. In den »Dämonen«, die seit 1871 als Fortsetzungsroman in der Zeitung »Ruskij westnik« erscheinen, läßt er die Turgenjew-Karikatur »Karmasinow«, einen alternden Dichter, sein Abschiedspoem vortragen, das »Merci« betitelt ist:

»Das Thema war ... Ja, wer hätte das herausfinden können? Es war die Wiedergabe irgendwelcher Eindrücke irgendwelcher Erinnerungen. Aber wovon? Aber worüber? (...) Allerdings war viel von Liebe die Rede, von der Liebe eines Genies zu irgendeinem Wesen, aber ich muß gestehen, das kam ziemlich ungeschickt heraus. Zu der kleinen, feisten Gestalt des genialen Schriftstellers paßte es meiner Ansicht nach nicht so recht, wenn er von seinem ersten Kuß erzählte. (...) Der Baum, unter dem dieses interessante Paar Platz genommen hatte, mußte unbedingt orangenfarben sein. Sie sitzen da irgendwo in Deutschland. Plötzlich sehen beide Pompejus oder Cassius am Abend vor der Schlacht vor sich, und ein kalter Wonneschauer durchrieselt sie. Eine Nixe flötet im Gebüsch. Gluck spielt im Schilf auf der Geige. Das Stück, das er spielt, heißt: En toutes lettres (allen so unbekannt, daß man es erst in einem musikalischen Nachschlagewerk hätte aufsuchen müssen). Inzwischen ballt sich dichter Nebel zusammen, so zusammengeballt, so zusammengeballt, daß man eher an Millionen von Kissen als an Nebel erinnert wird. Und plötzlich verschwindet das Ganze, und das große Genie überschreitet im Winter bei Tauwetter die Eisschollen der Wolga. Der Übergang dauert zwei und eine halbe Seite, und trotzdem fällt das Genie in ein Eisloch.« (Fjodor M. Dostojewskij: Die Dämonen. München 1985, Seite 580ff.)

Nicht selten konserviert die Parodie das von ihr leichtherzig-verzerrte Vorbild. So ist Miguel de Cervantes' »Leben und Taten des scharfsinnigen Edlen Don Quijote von La Mancha« (I: 1605; II: 1615) bekanntlich als Satire auf zeitgenössische Ritterromane gedacht gewesen. Diese Ritterromane wären vollständig vergessen, hätte sie der »Don Quijote« nicht aufs witzigste begraben.

V

Dinge zwischen Autor, Text und Leser

Alarm!

»Wenn das Buch, das wir lesen, uns nicht mit einem Faustschlag auf den Schädel weckt, wozu lesen wir dann das Buch?« fragt Franz Kafka in einem Brief Oskar Pollak. »Damit es uns glücklich macht, wie du schreibst? Mein Gott, glücklich wären wir eben auch, wenn wir keine Bücher hätten, und solche Bücher, die uns glücklich machen, könnten wir zur Not selber schreiben. Wir brauchen aber Bücher, die auf uns wirken wie ein Unglück, das uns schmerzt, wie der Tod eines, den wir lieber hatten als uns, wie wenn wir in Wälder verstoßen würden, von allen Menschen weg, wie ein Selbstmord, ein Buch muß die Axt sein für das gefrorene Meer in uns. Das glaube ich.« (27. Januar 1904)

Kafkas frühes Glaubensbekenntnis verlangt nach einer Literatur, die Sprache in den Alarmzustand versetzt; und ihren Leser zugleich.

Friedrich Schiller hat in seinem »Lied von der Glocke« (1800) einen solchen Alarmzustand als Eingriff elementarer Gewalten inszeniert, die das »Gebild von Menschenhand« hassen. Das umstürzlerische Gewitter, das dort auf die Zivilisation niedergeht, setzt das Menschenwerk in Brand, vernichtet es und drängt die Menschen als wehrlose Zuschauer an den Rand des Geschehens; dargestellt wird die Naturkatastrophe in zerhackten Einzelbildern:

»Aus der Wolke / Quillt der Segen, / Strömt der Regen, / Aus der Wolke, ohne Wahl, / Zuckt der Strahl! / Hört ihrs wimmern hoch vom Turm? / Das ist Sturm! / Rot wie Blut / Ist der Himmel, / Das ist nicht des Tages Glut! / Welch Getümmel / Straßen auf! / Dampf wallt auf! / Flackernd steigt die Feuersäule, / Durch der Straßen lange Zeile / Wächst es fort mit Windeseile, / Kochend wie aus Ofens Rachen / Glühn die Lüfte, Balken krachen, / Pfosten stürzen, Fenster klirren, / Kinder jammern, Mütter irren, / Tiere wimmern / Unter Trümmern, / Alles rennet, rettet, flüchtet, / Taghell ist die Nacht gelichtet (...) Heulend kommt der Sturm geflogen, / Der die Flamme brausend sucht. / Prasselnd in die dürre Frucht / Fällt sie, in des Speichers Räume, / In der Sparren dürre Bäume, / Und als wollte sie im Wehen / Mit sich fort der Erde Wucht / Reißen, in gewaltger Flucht, / Wächst sie in des Himmels Höhen / Riesengroß! / Hoffnungslos / Weicht der Mensch der Götterstärke, / Müßig sieht er seine Werke / Und bewundernd untergehen.« (Friedrich Schiller: Sämtliche Werke. Band I, Seite 435)

Für ein auch in feuerwehrtechnischer Hinsicht diesem Schicksal ergebenes Publikum, das gegen Großbrände dieser Art im Alltag nicht gewappnet ist, mußte das aufgeführte Debakel besonders beunruhigend sein, Erinnerung an eine grundsätzliche Gefährdung seiner Existenz. Die Verwandlung der Katastrophe in ein Schauspiel hat für den tatkräftigen, sich als autonomes Subjekt begreifenden Bürger einen besonders erniedrigenden Effekt: Er ist, als Betrachter, aus dem Spiel.

In der ebenfalls im Jahr 1800 erstveröffentlichten »Nänie« wird dem, der in der Schönheit Schutz sucht, apodiktisch mitgeteilt: »Auch das Schöne muß sterben!« Daraufhin wird eine Prozession von Leichen aufgeboten, der zufolge zu beklagen sind: Eurydike, Adonis, Achill; Beweis jeder für sich dafür, »Daß das Schöne vergeht, daß das Vollkommene stirbt«. (Werke, Band I, Seite 242) – Nichts hat Bestand; nichts ist stabil; nichts ist gewiß.

Hermann Burger hat aus einer derart fundamentalen Verunsicherung sein poetisches Prinzip gemacht: »Bei literarischen Einfällen ist wichtig, daß man merkt, daß etwas los ist, aber man weiß nicht genau, was«, berichtet er, Max Frisch zitierend, in seiner Frankfurter Poetik-Vorlesung (Hermann Burger: Die allmähliche Verfertigung der Idee beim Schreiben. Frankfurt am Main 1986, Seite 51). Die aufgekommene Unruhe übersetzt er literarisch in eine »allgemeine Verunsicherungsstrategie«

und führt diese, wie nun am Beispiel des Romans »Schilten. Schulbericht zuhanden der Inspektorenkonferenz« (1976) demonstriert wird, mittels einiger »Stilmittel der Verunsicherung« (Seite 41) aus:

»Da ist die fluktuierende Erzählerperspektive. Zwar ist dieses Protokoll einer amtlich verschriftlichten Not eindeutig Rollenprosa, doch wechselt der Erzähler von ›ich‹ zu ›er‹ und von da zu ›Armin Schildknecht‹, wobei Armin Schildknecht nur ein pädagogisches Pseudonym ist (...). Wie es keine zuverlässige Pronomen-Perspektive gibt, so herrscht auch Verwirrung bezüglich der Erzählzeit. (...) Im weiteren gehört zu den Stilmitteln der Verunsicherung die Synonym-Vielfalt und Bezeichnungswut. Daß die Sprache sinnverwandte Ausdrücke und gleichlautende Homonyme kennt, ist der Beweis dafür, daß ihr kein logisches Bezeichnungssystem zugrunde liegt. (...) Diese Konfusion macht sich Schildknecht zunutze. Bei der Einführung der Turnhalle werden auf sechs Seiten folgende Ausdrücke verwendet: hinterstichige Landturnhalle, Kleinturnhalle, Leichenhalle, Schiltener Gymnastiksaal, Turnraum, schizophrener Raum, schabzigergrüne Turnhalle, öffentlicher Saal, depressive Zwitterhalle, wahrer Jammersaal, Abdankungskapelle, Lokal. Das heißt, die Innenarchitektur wird ständig umfunktioniert, es scheint, als ob sich der Berichterstatter nicht auf einen einheitlichen Raum einigen könnte. (...) Ein weiteres Stilmitel der Verunsicherung ist die Umständlichkeit und die fragliche Wortstellung. (...) Die Technik der Irritation ergibt sich auch aus der Verschiebung von Relevanz und Redundanz. Schildknechts Wahn manifestiert sich unter anderem darin, daß ihm je länger je mehr Dinge wichtig und infolgedessen mitteilenswert erscheinen, die für den Leser keine allgemeine Relevanz mehr haben. (...) Dann die Verwirrung des Lesers durch die Verwendung pseudowissenschaftlicher Termini für im Grunde inkommensurable Dinge. Im statistischen Abschnitt des Friedhofjournals heißt es von Wigger, man könne den ›Feldschwermuts-Koeffizienten‹ seines ›Pilzgemüts‹ bestimmen.« (Seite 41 bis 50)

»In mir habt ihr einen, auf den könnt ihr nicht bauen«, verkündete Brecht als Leitwort seinen Frauen (»Vom armen B.B.«). Offenbar aber sprechen seit den Zeiten der griechischen Horror-Tragödie nicht nur Frauen, sondern erschütterungslüsterne Leser und Zuschauer überhaupt auf den Nervenkitzel, auf Schock und Thrill, auf Schrecken und Verunsicherung an.

Nicht nur der Autor, auch der Leser soll spüren, daß da etwas ist, daß etwas auf ihn zukommt: ein Befremdliches, ein Alien, eine andere Sichtweise der Welt. Vielleicht sind sich sogar die beiden Beteiligten, Autor und Leser, nie so nah wie in diesem gemeinsamen Gefühl: Der gehetzte Autor läßt, was ihn erschreckt hat, auf den Leser los.

Am Ende von Gogols »Toten Seelen« (1842) fährt Tschitschikow, der zwielichtige Held und Seelenhändler, Schlitten – Troika, da er Russe ist. Die Rosse jagen rücksichtslos, Fußgänger springen erschrocken zur Seite und starren der Troika nach, und der Erzähler fragt sich: »Stürmst nicht auch du, Rußland, so dahin, wie eine kühne Troika, die niemand einholen kann? (...) Wie von einem göttlichen Wunder angerührt, steht der Beschauer betroffen da: ist das ein Blitz, der vom Himmel herabzuckt? Was bedeutet dieses schreckenerregende Ungetüm und was für unbekannte Kräfte treiben diese nie gesehenen Rosse an? Oh, ihr Rosse, (...) wie aus Erz gegossen fliegt ihr, brüderlich Brust an Brust und den Boden kaum noch mit euren Hufen berührend, durch die Lüfte dahin wie eine einzige langgestreckte Front, vom Anhauch Gottes entflammt ... Wohin stürmst du, Rußland? Gib Antwort! Du schweigst. Wundersam tönt das Glöckchen. Die vor deinem Ansturm zurückflutende Luft wird zum heulenden Sturm. Alles auf Erden weicht dir aus und es geben dir den Weg frei alle anderen Völker und Reiche.« (Nikolaj Gogol: Die toten Seelen. München 1974, Seite 319f.)

Der Alarm gellt dem Leser in den Ohren.

Notizen

»Dringend empfehle ich jedem Schreibenden, ein Notizbuch zu führen – ein kleines, wenn er tagsüber beruflich unterwegs sein muß, oder ein größeres, wenn er sich den Luxus erlauben kann, zu Hause zu arbeiten. Selbst drei oder vier Worte lohnt es sich oft aufzuschreiben, wenn sie einen Gedanken, einen Einfall oder eine Laune festhalten. In Dürrezeiten sollte man ab und zu in den Notizbüchern blättern – es kann sein, daß dann ein Einfall plötzlich zum Leben erwacht. Zwei Einfälle könnten sich verbinden, vielleicht weil sie dazu von Anfang an bestimmt waren.« (Highsmith: Suspense, Seite 18) – »Als Schriftsteller sollte man sich auf jede neue Szene stürzen, die einem in den Weg kommt, sich Notizen machen und sie an der richtigen Stelle verwenden. Das gleiche gilt für neue Städte, Großstädte und Länder, ja sogar für neue Straßen. Eine verwahrloste Straße irgendwo, voll von Mülleimern, Kindern und streunenden Hunden, ist für die Phantasie ein ebenso fruchtbares Feld wie ein Sonnenuntergang am Kap Sunion, wo Byron seinen Namen in eine der Marmorsäulen des Apollotempels eingeritzt hat.« (Seite 88) Nicht nur Patricia Highsmith, die hier zitierte Ratgeberin in Sachen Notizbuch, hielt und Ideen schriftlich und auf Vorrat fest.

Schon der junge Herr Goethe notierte Beobachtungen, »Späne«, wie sie in der Weimarer Ausgabe genannt werden:

»Einrichten! Meubliren! – Ihr könnt nicht anders seyn! Meynt da wär es euch besser darnach! – Ich sag euch es ist dem Elenden wohler der in ein Papier scheisst mit seiner Famielie, und es nachts sehr feyerlich an eine Ecke trägt!

Pirli! Pirli! Parli!« (Bei den letzten drei Wörtern handelt es sich um eine Beschwörungsformel im Puppenspiel.)

»Der Knabe der im angebundenen Nachen rudert.«

»Das Kind das aus dem Rennstein trinckt.«

»Ein Junge schlägt ein Mädgen sie sagt ihm du Rotznase wärst du der Junge danach.«

»Ich habe gefunden dass ich ein braver das heisst Gott und den Menschen Gefälliger Politikus und Polizeymeister bin weil ich einen Nachttopf den ich vollpisste aus leerte, da man sonst nur voll pisst und das ausleeren dem Nachfolger überlässt.«

»Ausgießen der Schmiere des Nachttopfs Verdruß mit dem Liebhaber.«

(Der junge Goethe. Neu bearbeitete Ausgabe in fünf Bänden. Hg.: Hanna Fischer-Lamberg. Band V: Januar – Oktober 1775. Berlin/New York 1973, Seite 378–392)

Geschult an notizförmiger Literatur, wie sie sich seit den romantischen Fragmenten des 19. Jahrhunderts etabliert hat, lassen sich schon diese Bemerkungen als moderne Miniaturen lesen – ich erinnere dazu an Oswald Wieners »Verbesserung von Mitteleuropa« (1969), an Arno Schmidts »Zettels Traum« (1970), diesen in drei Kolumnen pro Seite gespaltenen Text, dessen rechte Säule Randnotizen, Gedankenspielen der Figuren und anderen Kleinigkeiten reserviert ist, oder an die abschließenden »Notizen aus dem Elbholz« in Nicolas Borns Gedichtband »Keiner für sich, alle für niemand«, in dem sich Kleinsttexte finden wie

»Versunkener Elbkahn, tiefe Geschichte im Schlick
Stapel Spaltholz
Stämme unendlich hoch im finstren Brauen.«

(Nicolas Born: Keiner für sich, alle für niemand. Gedichte 1972–1978. Reinbek bei Hamburg 1981, Seite 228)

In der Regel werden Zettelkasten und Notizbuch dennoch kein Selbstzweck sein, sondern eher eine Vorratskammer von mittel- bis langfristigem Nutzwert.

Im Roman »Doktor Faustus« von Thomas Mann spielt sich im Kapitel XLII folgende Szene ab:

Der junge Geiger Rudolf Schwerdtfeger hat sich mit jener Marie Godeau verlobt, die Adrian Leverkühn, Rudolfs Freund, zur Frau begehrt hatte. Unerfahren in weltlichen Dingen, hatte der Komponist Leverkühn Rudolf gebeten, für ihn um Marie zu werben. Rudolf will mit Marie nach Paris gehen, also gibt er in München sein Abschiedskonzert, das ein großer Erfolg für ihn wird. Nach dem Konzert fährt man per Tram nach Hause. Der Chronist der Ereignisse Serenus Zeitblom berichtet:

»Der Abend war bedeckt und sehr mild, mein Wintermantel drückte mich ein wenig, und an der Trambahn-Haltestelle Theresienstraße blieb ich stehen, um einen Wagen irgendeiner der nach Schwabing führenden Linien zu erwarten. (...) Es war ein Wagen der Linie 10, mir ganz angenehm, der sich endlich näherte. Diese bayerisch-blauen Münchener Trambahnwagen sind ja sehr schwer gebaut und machen, liege es nun an der Schwere oder an besonderen Eigenschaften des Untergrundes, einen erheblichen Lärm. Elektrisches Feuer zuckte beständig unter den Rädern des Gefährtes und noch stärker oben an der Kontaktstange, von wo diese kalten Flammen zischend in ganzen Funkenschwärmen zerstoben.« (Thomas Mann: Doktor Faustus. Frankfurt am Main 1980, Seite 599)

Die Tram ist gut besetzt, überwiegend mit Konzertbesuchern; auch Schwerdtfeger fährt mit. »Ein gelegentliches Vorbeugen ließ mich zu meiner Überraschung Ines Institoris gewahren, die auf derselben Seite wie ich, mehrere Plätze vor mir, gegen die Mitte hin, Schwerdtfeger schräg gegenüber, saß. Ich sage: zu meiner Überraschung, denn ihr Heimweg war es ja nicht.« (Seite 600) Ines Institoris ist die ehemalige Geliebte des jungen Geigers. »Wir passierten die Universität, und eben stand der Schaffner in seinen Filzstiefeln vor mir (...), als das Unglaubliche und, wie alles völlig Unerwartete, zunächst ganz Unverständliche geschah. Ein Schießen ging los im Wagen, flache, scharfe, schmetternde Detonationen, eine nach der anderen, drei, vier, fünf, in wilder betäubender Schnelligkeit, und drüben sank Schwerdtfeger, seinen Geigenkasten zwischen den Händen, erst an die Schulter und dann in den Schoß der rechts neben ihm sitzenden Dame. (...) Die beiden Herren, die im Gang gestanden, hatten sich zusammen mit mir auf Ines geworfen – viel zu spät natürlich. Wir brauchten ihr den Revolver nicht zu ›entwinden‹; sie hatte ihn fallen lassen oder vielmehr von sich geworfen und zwar in Richtung ihres Opfers.« (Seite 601)

In seinem Buch »Die Entstehung des Doktor Faustus. Roman eines Romans« gibt Thomas Mann zu Protokoll: »Als ich einige Tage später diese Abschnitte bei Neumanns in Hollywood vorlas, erinnerte ich mich, wie weit zurück in meinem Phantasieleben die Idee des elektrischen Feuers reicht, das unter den Rädern und an der Kontaktstange eines herankommenden Trambahnwagens zuckt und zischt, worin ein Mord begangen werden soll. Die Vorstellung gehörte zu den uralten, nie ausgeführten Romankonzeptionen (...). An fünfzig Jahre hatte ich die Vision dieser ›kalten Flammen‹ mit mir herumgetragen, bevor ich sie nun in einem Spätwerk, das aus der Gefühlswelt jener frühen Tage manches aufgenommen hat, untergebracht hatte.« (Seite 146)

Die Schüsse in der Tram beruhen, wie Peter de Mendelssohn, der Herausgeber der Mannschen Werke, in seinen Nachbemerkungen zum »Doktor Faustus« erläutert, »auf einer Episode, die Thomas Mann sich vierzig Jahre zuvor im Notizbuch für ›Die Geliebten‹ vorgemerkt hatte. Damals, 1902, erkundigte er sich bei einer Bekannten, der Sängerin Hilde Distel in Dresden, nach einer ›trüben Geschichte, die sich in Dresden zwischen einem jungen Musiker, einem Mitglied des Hoforchesters und einer Dame der Gesellschaft zugetragen‹ und die er in der Zeitung gelesen hatte. ›Es handelte sich um eine langjährige unglückliche Liebe vonseiten der Frau, und eines Abends nach dem Theater nahm die Sache im Tram-Bahn-Wagen ein böses Ende.‹ Die Freundin möge ihm doch bitte, da sie beide persönlich gekannt, die Geschichte mit möglichst vielen Details ganz genau schildern, denn er wolle sich ihrer vielleicht ›zu einer wundervoll melancholischen Liebesgeschichte‹ bedienen.« (Seite 733)

Im übrigen geht der ganze phantastische Faust-Roman auf einen Einfall zurück, den er Jahrzehnte zuvor niederschrieb. Am 27. März 1943 notierte er in sein Tagebuch:

»Vormittags in alten Notizbüchern. Machte den Drei-Zeilen-Plan des Dr. Faust vom Jahre 1901 ausfindig. Berührung mit der Tonio Kröger Zeit, den Münchener Tagen, den nie verwirklichten Romanplänen ›Die Geliebten‹ und ›Maja‹.« (Die Entstehung des Doktor Faustus, Seite 15)

Tatsächlich waren es zwei Eintragungen ins Notizbuch Nummer 7, das Thomas Mann 1901 begonnen hatte und mehrere Jahre verwendete. Der zweite Eintrag lautete (Seite 155):

»Figur des syphilitischen Künstlers: als Dr. Faust und dem Teufel Verschriebener. Das Gift wirkt als Rausch, Stimulus, Inspiration; er darf in entzückter Begeisterung geniale wunderbare Werke schaffen, der Teufel führt ihm die Hand. Schließlich aber *holt ihn der Teufel*: Paralyse. Die Sache mit dem reinen jungen Mädchen, mit dem er es bis zur Hochzeit treibt, geht vorher.«

Peter de Mendelssohn stellt fest: »Die Novelle (›Die Geliebten‹; der Verf.) wurde nicht geschrieben; die umfangreichen Vorarbeiten sollten etwas später in einen großen Münchner Gesellschaftsroman mit dem Titel ›Maja‹ eingeschmolzen werden. Auch der Roman wurde nicht geschrieben, vielmehr dem Schriftsteller Aschenbach als dessen Werk in ›Tod in Venedig‹ untergeschoben. Aber zu guter Letzt wurde nicht nur der Faust-Plan von 1904, sondern auch dieses gesamte autobiographische Notizenmaterial nahezu restlos verwendet.« (Nachbemerkung, Seite 688)

Notizen können eine zum Zeitpunkt ihrer Niederschrift ganz unverhoffte Tragweite beweisen.

Idee

Dichtung, so lautet die Grundannahme und das immer wieder bestätigte Ergebnis der strukturalistischen Literaturwissenschaft, wird nicht aus Bildern gemacht, sondern aus Worten: »Die ganze Arbeit dichterischer Schulen«, schreibt Victor Šklovskij, »läuft hinaus auf das Anhäufen und das Kundtun neuer Verfahren der Anordnung und Bearbeitung von Wortmaterialien.« (Jurij Striedter: Russischer Formalismus, Seite 5)

Friedrich Hölderlins erster Entwurf zu seiner Ode »Natur und Kunst« (1801) sieht so aus:

»Natur und Kunst

göttliche Herrscherkünste

Aber der Abgrund!

den alten heiligen Vater

Goldene Zeit

töricht, wie aus dem
schweigenden Gewölke dein Blitz

Kommt aus göttlicher Nacht

Hab ich am Herzen den Geist, das Leben erst, das
Leben der Liebe erfahren, und dämmern und
schwinden die Wonne die Gestalten,
als kehrte die Zeit in ihre
Wiege zurück

herab, herab von
oder willst du bleiben,
Diene dem älteren.

Dann weiß ich erst von ihm und versteh ihn gern,
Den weisen gewaltigen Meister Kronion,
Der selber ein Sohn der Zeit, gleich mir
Gesetze gibt und«

(Friedrich Hölderlin: Sämtliche Werke und Briefe. Band I, Seite 1042)

Die fertig ausgefüllte Ode lautet schließlich:

»**NATUR UND KUNST** oder SATURN UND JUPITER

Du waltest hoch am Tag und es blühet dein
Gesetz, du hältst die Waage, Saturnus' Sohn!
Und teilst die Los' und ruhest froh im
Ruhm der unsterblichen **Herrscherkünste**.

Doch **in den Abgrund**, sagen die Sänger sich,
Habst du **den heil'gen Vater**, den eignen, einst
Verwiesen und es jammre drunten,
Da, wo die Wilden vor dir mit Recht sind,

Schuldlos der Gott der **goldenen Zeit** schon längst:
Einst mühelos, und größer, wie du, wenn schon
Er kein Gebot aussprach und ihn der
Sterblichen keiner mit Namen nannte.

Herab denn! oder schäme des Danks dich nicht!
Und **willst du bleiben, diene dem Älteren**,
Und gönn es ihm, daß ihn vor allen,
Göttern und Menschen, der Sänger nenne!

Denn, **wie aus dem Gewölke dein Blitz**, so kömmt
Von ihm, was dein ist, siehe! so zeugt von ihm,
Was du gebeutst, und aus Saturnus'
Frieden ist jegliche Macht erwachsen.

Und **hab ich** erst am **Herzen** Lebendiges
Gefühlt und dämmert, was du **gestalt**etest,
Und war in ihrer **Wiege** mir **in**
Wonne die wechselnde **Zeit** entschlummert:

Dann kenn ich dich, **Kronion**! dann hör ich dich,
Den weisen Meister, welcher, wie wir, **ein Sohn**
Der Zeit, **Gesetze gibt und**, was die
Heilige Dämmerung birgt, verkündet.

(Hervorhebung vom Verfasser)

Hölderlin plaziert die einzelnen Wörter (die man in der Hölderlin-Forschung als »Keimworte« bezeichnet) auf einem Blatt – ein vokabular-geographisches System: Er weiß, was er nennen und an welcher Stelle er es nennen will. Die bis dahin leeren Räume werden Stück für Stück aufgefüllt. In diesem Prozeß erfahren einige Keimworte eine Umstellung, andere eine leichte Abwandlung (aus den »göttlichen« werden »unsterbliche« Herrscherkünste); wieder andere fallen am Ende heraus. Auch Hölderlin ist kein Sklave seiner Inspiration, sondern deren Bearbeiter. Hier ließe sich daran erinnern, daß selbst Dichter wie Rimbaud und Rilke, die sich durchaus als inspirierte Geister deuteten, ihrer Inspiration durch gründliche Wörterbuchstudien in Bibliotheken nachhalfen.

Die Arbeit mit Keimworten ist kein genuin lyrisches Verfahren. Ganz ähnlich wie sein Kollege Hölderlin verfährt Max Goldt, der seit 1989 in der Zeitschrift »Titanic« die witzig-verwunderlichste Monatskolumne deutscher Zunge verfaßt. Schon die Titel seiner Essays sind staunenswerte Mikro-Essays und lauten beispielsweise »Eine wichtige Notiz für die Freunde des Kultischen Fernsehens«, »Alles über die EFTA und über Sitzsäcke«, »Quitten für die Menschen zwischen Emden und Zittau«, »Super! Schulmädel vergräbt seinen Atem an Sängerschulter!«, »Ich schweige den Adolf-Mittag-See tot (urspr. gepl. Titel ›Struppi ja, Idefix nein‹ groovet schlecht!)«, »Sehr wild, sehr inno: Balgballerkolumne, die mitten im Text plötzlich in Ballerbalgkolumne umbenannt wird« oder »Die Jugend sollte lieber wieder Gloria-Punkte sammeln«. (Max Goldt: Quitten für die Menschen zwischen Emden und Zittau. Zürich 1993)

Auf meine Frage nach seiner Arbeitsweise antwortete er:

»Ich arbeite mit einer Keimwortliste. Früher benutzte ich eine Kladde, in der sich diese Listen befanden, heute arbeite ich mit einem zweigeteilten Bildschirm. Links ist der Text, der gerade am Entstehen ist, rechts die Liste, inzwischen Hunderte von Zeilen umfassend. Bei den Keimworten handelt es sich nur manchmal um einzelne Wörter, meist um Sätze, Formulierungen, Ideen.

Das Schreiben besteht aus zwei Teilen, einem angenehmen und einem unangenehmen. Der angenehme besteht im beständigen Notizenmachen. Dies geschieht oft auf Reisen, in Lokalen usw. Ich habe immer ein Oktavheft bei mir. Es gibt aber auch noch ein ›Bettbuch‹, in das ich Sachen eintrage, die ich sofort nach dem Aufwachen im Kopf habe. Neulich dachte ich minutenlang die Wörter SCHREINIGES IDEAM VERPAULINENSWERT, und da sie nicht von mir weichen wollten, habe ich sie ins Bettbuch eingetragen.«

Nach dem Sammeln folgt, als erster Verarbeitungsschritt, das Sichten:

»Aus den Oktavheften, seltener aus dem Tagebuch, dem Bettbuch und meinen Briefen an den Freund übertrage ich von Zeit zu Zeit Einzelheiten in die Datei ›Formulierungen/Material‹, also die Keimwortliste. Der unangenehme Teil des Schreibens liegt nun darin, die Notizen in eine von zumindest einigen Außenstehenden goutierbare Form zu bringen. Das fällt mir bisweilen schwer, da ich einerseits kein besonderes Mitteilungsbedürfnis habe – ich bin eher der Typ, der spontan für einige Tage nach Paris fährt und niemandem davon etwas erzählt – andererseits aber einen leichten, sportiven Erzählton für elegant halte.

Ich bediene mich ja auch fast grundsätzlich eines Ich-Erzählers, aber nicht, weil ich mich so arg gern plaudern höre, sondern weil diese Form naturgemäß für Launenwechsel, Verschiebungen des Ironie-Levels, kurzum für eine lebendige Darstellungsform besonders geeignet ist.

Obwohl meist nur drei oder vier Posten aus der Materialliste in eine ›Kolumne‹ einfließen, verzichte ich nur selten auf sie. Mein Ausgangspunkt ist nur selten ein Thema. Das Rohmaterial ist immer die Sprache, und wenn diese mich zu einem Thema, einer Meinungsäußerung hingeleiten möchte, gehe ich dankbar mit.

Ich habe auch konventionellere Texte geschrieben, chronologische oder monothematische, die gehen ja auch viel leichter, aber die wirreren, quasi aus dem Nichts entstandenen sind mir lieber.«

»Was ist der Keim einer Idee?« fragt auch Patricia Highsmith in »Suspense oder Wie man einen Thriller schreibt«. Und antwortet: »Vermutlich alles Erdenkliche für jeden Schriftsteller: Ein Kind fällt auf dem Bürgersteig hin und verschüttet seine Eiscreme. Ein respektabel aussehender Mann im Lebensmittelgeschäft steckt heimlich, wie unter Zwang, eine reife Birne ein und bezahlt sie nicht. Es kann auch eine kurze Folge von Handlungen sein, die einem aus der Luft in den Kopf kommt, ohne daß man etwas gesehen oder gehört hat. Zu dieser Gattung gehören die meisten meiner Ideenkeime. Der Keim für den Plot in ›Zwei Fremde im Zug‹ war zum Beispiel dies: ›Zwei Menschen treffen eine Vereinbarung. Jeder soll den Feind des anderen umbringen, damit auf diese Weise ein perfektes Alibi aufgebaut werden kann.‹ Der Ideenkeim für ein anderes Buch, ›Der Stümper‹, war nicht so vielversprechend und wollte sich absolut nicht weiterentwickeln, erwies sich aber als hartnäckig, denn er ging mir länger als ein Jahr nicht aus dem Kopf und ließ mir keine Ruhe, bis ich einen Weg fand, darüber zu schreiben, und zwar: ›Zwei Verbrecher ähneln sich auffallend, obgleich die Täter einander nicht kennen.‹ Diese Idee würde, glaube ich, viele Schreiber gar nicht interessieren. Es ist eine ›Na und?‹-Idee, sie braucht schmückendes Beiwerk und Komplikationen. In dem Buch, das dabei herauskam, ließ ich das erste Verbrechen von einem einigermaßen kaltblütigen Killer begehen, das zweite von einem Amateur, der den ersten nachmachen wollte, weil er glaubte, der erste Killer sei ungestraft davongekommen. Und das wäre er auch, hätte nicht der zweite Mann den stümperhaften Versuch unternommen, ihn zu imitieren. (...) Es gibt Ideen, die sich niemals pathenogenetisch entwickeln, sie brauchen eine zweite Idee, um in Gang zu kommen.« (Seite 9f.)

So ist es allerorten nicht die Kunst, Ideen zu haben, sondern vielmehr, diese Einfälle zu hegen und zu pflegen, literarisch zu kultivieren.

Satzdynamik

Harry Kemelmann, ein amerikanischer Krimiautor, der als Professor am State College in Boston Studenten in Stilkunde für Fortgeschrittene unterrichtete, hat festgehalten, wie ein ganzer Text förmlich aus einem einzelnen Satz entspringen kann: »Nicky Welt wurde in einem Hörsaal geboren. Ich versuchte, meinen Studenten zu demonstrieren, daß Worte nicht in einem Vakuum existieren, sondern Bedeutungen haben, die ihren gewöhnlichen Begriffsinhalt überschreiten, und daß auch kurze Wortkombinationen eine Vielzahl von Auslegungen möglich machen können. Dabei fiel mein Blick auf die Zeitung, die auf meinem Schreibtisch lag. Auf der ersten Seite stand ein Artikel über eine Wanderung der Pfadfindergruppe unserer Stadt. Ich schrieb an die Tafel: *Ein Fußmarsch von neun Meilen ist kein Spaß, schon gar nicht im Regen* und forderte meine Hörer auf, möglichst viele Schlußfolgerungen aus diesem Satz zu ziehen. Aber wie es so oft mit pädagogischen Eingebungen geschieht: das Experiment war nicht sehr erfolgreich. Ich muß gestehen, daß meine Klasse es als besonders raffinierte Falle ansah, deren Zuschnappen man am leichtesten vermied, indem man schwieg. Aber während ich sie ermunterte, ihnen Anregungen gab und Vorschläge machte, begann ich selbst, an dem Spiel Gefallen zu finden. Ich zog einen Rückschluß nach dem anderen, sprang von Bedeutung zu

Bedeutung und ließ mich weiter und immer weiter mitreißen …

Auf einmal merkte ich, daß ich hier das Material für eine Geschichte hatte. Zu Hause setzte ich mich sofort an die Schreibmaschine, aber ich bekam den Stoff nicht in den Griff. Ich legte die Idee auf Eis und machte nach zwei Jahren, als ich mich aus irgendeinem Grund daran erinnerte, einen neuen Versuch. Es glückte ebensowenig wie beim erstenmal. Nach einigen Jahren machte ich mich wieder darüber her und später dann noch einmal.

Vierzehn Jahre nach dem ersten Versuch griff ich schließlich die Idee wieder auf. Diesmal klappte es.« (Harry Kemelmann: Quiz mit Kemelmann. Reinbek bei Hamburg 1991, Seite 7)

Das Ergebnis war die Krimi-Kurzgeschichte »A Nine Mile Walk« (»Ein Fußmarsch von neun Meilen«), in der Kemelmanns Held, Nicolas Welt, aufgrund einer Art Wette, die er mit dem Ich-Erzähler der Story geschlossen hat, jenen Satz auslegt. Welt hatte behauptet: »Eine Schlußfolgerung kann logisch und trotzdem falsch sein. (…) Sag mir irgendeinen Satz von zehn bis vierzehn Worten, und ich konstruiere dir daraus eine Kette logischer Schlußfolgerungen, auf die du im Traum nicht gekommen wärst, als du dir den Satz ausgedacht hast.« (Seite 11) Der Ich-Erzähler muß ein paar Minuten auf Welt warten, der in einem Geschäft die Rechnung zu begleichen hat; dann präsentiert er Kemelmanns Satz; und Welt macht sich an die Interpretation:

»Nächste Folgerung: Der Regen kam unerwartet, denn sonst hätte er gesagt: ›Ein Fußmarsch von neun Meilen im Regen ist kein Spaß‹ statt ›schon gar nicht‹ als Nachgedanken hinzuzufügen. (…) Als nächstes folgere ich, daß dieser Fußmarsch in der Nacht oder am frühen Morgen stattgefunden hat – so etwa zwischen Mitternacht und fünf oder sechs Uhr früh.« (Seite 12f.)

Nachdem anschließend auf diese Weise der Ort des Geschehens lokalisiert ist, erwächst aus dem Satz Stück für Stück eine Geschichte, die Welt in der Tradition britischer

Meisterdetektive rekonstruiert: Der Sprecher des Satzes muß stadteinwärts gegangen sein, hat nicht gesehen werden wollen, all dies muß mit einer Haltestelle des D-Zuges von Washington zu tun gehabt haben, kurzum: es muß in diesem Zug ein Mord geschehen sein und der Mörder sich mit einem Komplizen in der Stadt verabredet haben. Die Pointe ist, daß auf Nachfrage der Ich-Erzähler sich erinnert, den Satz nicht etwa erfunden, sondern in einem Gasthof gehört zu haben, der Satz mithin ein Fundstück aus der realen Welt ist. Man telephoniert mit der für diese Welt zuständigen Polizei, die bald die beiden Täter verhaften kann. Nicky Welt hat sich widerlegt: Alle Schlüsse waren nicht nur logisch, sondern, da alles Vernünftige auch existiert, zutreffend auf die Außenwelt.

In jedem Satz liegt mindestens ein möglicher Kontext beschlossen, manchmal entwickelt der Satz eine Dynamik, die ihn über sich selbst hinaustreibt, eine besondere erzählerische Sprengkraft. Ich vermute, daß die spezifische Aufladung dadurch zustande kommt, daß der Satz, ein Mikrotext, von allen Kontexten isoliert wird: Der frei im erzählerischen Vakuum schwebende Satz zieht sinnvolle Ergänzungen an.

Harald Schmidt hat einmal anläßlich einer Preisverleihung mitten im Text und ohne jeden Zusammenhang mit diesem die Aufforderung ans Publikum gerichtet: »Stehe auf, wandle nach Theben und verkünde das Meine.« Obwohl ebenso unmotiviert wie folgenlos, leuchtete für einen Augenblick etwas wie ein fundamentalistisch-orientalisches Märchen auf.

Es scheint, als müßte der alleinstehende Satz und die ihm innewohnenden Möglichkeiten nur lang genug sondiert werden, dann gibt er (s)eine Geschichte preis.

Zufall

Im Jahr 1995 erschien das »Rote Notizbuch« des US-amerikanischen Autors Paul Auster.

Auster erzählt in diesem Notizbuch insgesamt dreizehn Anekdoten über den Zufall. Etwa die Geschichte einer Freundin, die, weil sie Schwierigkeiten mit dem Gesetz bekommen hatte, rechtlichen Beistand brauchte und sich daher nach dem Namen eines Anwalts erkundigte. Am nächsten Morgen begleitet Auster die Frau; die beiden radeln in die Stadt, um mit dem Mann zu sprechen, den man ihr empfohlen hatte. »Zu meiner Verblüffung arbeitete er für eine Kanzlei namens Argue & Phibbs«, was zu deutsch »Streiten & Flunkern« bedeutet.

»Ich habe mich in den vergangenen Jahren oft an diesem Namen ergötzt, doch obwohl ich beweisen kann, daß Argue und Phibbs leibhaftige Menschen waren, fällt es mir immer noch schwer zu glauben, daß sie tatsächlich in dieser Paarung (und zu einem noch köstlicheren Witz, einer ausgemachten Parodie auf den Anwaltsstand) zusammengekommen sein sollen.« (Paul Auster: Das rote Notizbuch. Reinbek bei Hamburg 1996, Seite 7f.)

Unterderhand notiert Auster schon, welchen Effekt diese zufällige Namensverbindung auf ihn ausübt: Er ist ›verblüfft‹ und ›ergötzt‹ von so viel erheiternder Bedeutsamkeit. Der Zufall als scheinbar sinnreiche Miniatur, als von höherer Gewalt eingefädeltes Rendezvous, mutet in an sich konstruierten Geschichten, in literarischen Texten beispielsweise, oft wie ein wunderliches Artefakt an. Der erfundene Zufall kann, obwohl ja sein ganzer Kontext letztendlich eine Fiktion ist, unglaubwürdig wirken.

David Lodge hat in seiner ebenso kenntnis- wie hilfreichen Aufsatzsammlung »Die Kunst des Erzählens« (1992) ein Kapitel dem Zufall gewidmet und schreibt:

Der Zufall »gefährdet bei übermäßigem Gebrauch die Plausibilität einer Erzählung. Seine Akzeptanz ändert sich natürlich von Epoche zu Epoche.« (David Lodge: Die Kunst des Erzählens. Zürich 1993, Seite 181) Die verschiedenen Gattungen zeigen in Sachen Zufall ebenfalls eine durchaus unterschiedliche Verträglichkeit: Das »Publikum einer Komödie wird einen unwahrscheinlichen Zufall um des Spaßes willen akzeptieren, den er erzeugt.« (Seite 183)

Wie auch immer: Hin und wieder läßt sich auf den Zufall bauen. Paul Auster berichtet in seiner dreizehnten Notiz: »Mein erster Roman wurde von einer falschen Nummer inspiriert. Als ich eines Nachmittages in einer Wohnung in Brooklyn am Schreibtisch saß und zu arbeiten versuchte, klingelte das Telefon. (…)

Ich nahm den Hörer ab, und der Mann am anderen Ende der Leitung fragte, ob er mit der Agentur Pinkerton spreche. Ich sagte: Nein, er habe sich verwählt, und legte auf. Dann machte ich mich wieder an die Arbeit, und der Anruf war rasch vergessen.

Am nächsten Nachmittag ging wieder das Telefon. Derselbe Anrufer und dieselbe Frage wie am Tag zuvor: ›Spreche ich mit der Agentur Pinkerton?‹ Wieder sagte ich: Nein, und wieder legte ich auf. Diesmal jedoch begann ich darüber nachzudenken, was wohl geschehen wäre, hätte ich ja gesagt. Was, wenn ich mich als Detektiv der Agentur Pinkerton ausgegeben hätte? fragte ich mich. Wenn ich den Fall übernommen hätte?

(…) Als ich ein Jahr später mit der Niederschrift von ›Stadt aus Glas‹ anfing, war die falsche Nummer das entscheidende Ereignis des Buches geworden, der Irrtum, der die ganze Geschichte in Bewegung setzt. Ein Mann namens Quinn bekommt einen Anruf von jemandem, der den Privatdetektiv Paul Auster sprechen will. Genau wie ich sagt Quinn dem Anrufer, daß er sich verwählt habe. Am nächsten Abend das gleiche, und wieder legt Quinn auf. Anders als ich erhält Quinn jedoch eine dritte Chance. Als am dritten Abend wieder das Telefon läutet, geht er auf den Anrufer ein und übernimmt den Fall.« (Paul Auster: Das rote Notizbuch, Seite 57f.)

Deutlich wird, wie Auster mit dem Zufall, dem Irrtum des Anrufers, operiert: Er setzt den Zufall ein als Initialzündung, als etwas, das »die Geschichte in Bewegung setzt«, verfährt aber nur bis zu diesem Punkt nach der biographischen Vorlage, um dann seine Hauptfigur, Quinn, »anders als ich« weiter zu führen.

Während Auster, der Zuschauer eines Zufalls, bei diesem verweilt – ergötzt, erheitert, verblüfft –, schickt Auster, der Schriftsteller, seine durch den Zufall aktivierte Figur in die Alternativwelt, die der Zufall ihm angeboten hat.

Postscriptum des Autors, zehn Jahre nach der Veröffentlichung der »Stadt aus Glas«: »Als ich an jenem Nachmittag allein in meiner Wohnung in Brooklyn am Schreibtisch saß und zu arbeiten versuchte, klingelte das Telefon. Es war eine andere Wohnung als die, in der ich 1980 gelebt hatte – eine andere Wohnung mit einer anderen Telefonnummer. Ich nahm den Hörer ab, und der Mann am anderen Ende der Leitung fragte, ob er Mr. Quinn sprechen könne.« (Paul Auster: Das rote Notizbuch, Seite 59)

Kill your darling – Dichter kürzen

»Oh ihr aus Pompilius' Blut«, ruft Horaz in seiner Ars Poetica aus, »kritisiert eine Dichtung, die nicht so mancher Tag und so manches Polieren gekürzt und wohl zehnmal, mit gestutztem Nagel geprüft, korrigiert hat!« (Ars Poetica, Vers 291–294)

Selber kürzen fällt schwer. Leichter geht es mit fremden Texten. Im späten Sommer oder Herbst des Jahres 1954 hatte die Schauspielerin Käthe Reichel, die in der Frankfurter Aufführung von Brechts »Kreidekreis« die Grusche spielte, Ingeborg Bachmanns Gedichtband »Die gestundete Zeit« (1953) mitgebracht und zusammen mit Brecht gelesen. Reichel erinnert sich: Was »ihm gefiel, hat er, wie man an dem Bändchen sieht, mit diesem Fliederrot unterstrichen. (...) Alles, was ihm gefällt, ist unterstrichen, was nicht unterstrichen ist, könnte nach Brecht – oder müßte nach Brecht – weg.« (Gerhard Wolf: An einem Nachmittag – Brecht liest Bachmann. In: Im deutschen Dichtergarten. Darmstadt/Neuwied 1985, Seite 98)

Von dem längeren Gedicht »Thema und Variation«, das in der Bachmannschen Originalfassung 50 Verse zählt, bleiben ganze 5 stehen: die komplette erste Strophe und der erste Vers der achten:

»In diesem Sommer blieb der Honig aus.
Die Königinnen zogen Schwärme fort,
der Erdbeerschlag war über Tag verdorrt,
die Beerensammler kehrten früh nach Haus.

Unten im Dorf standen die Eimer leer.«
(Seite 113f.)

Als Thomas Stearns Eliot sein Gedicht »The Waste Land« (1922, »Das wüste Land«) beendet hatte, machte er sich zunächst selbst an dessen Bearbeitung. Er streicht es, wie sein Biograph Peter Ackroyd schreibt, per »Kaiserschnitt« auf neunzehn Seiten zusammen, die er in Paris Ezra Pound zu lesen gibt. Dieser reagiert mit den Worten: »Complimenti, du Hundesohn. Ich bin von allen sieben Eifersüchten geplagt.« (Peter Ackroyd: T.S. Eliot. Frankfurt am Main 1988, Seite 162f.) Dann macht sich Pound ans Werk und kürzt das Gedicht von 800 auf 433 Verse. Eliot akzeptiert die Veränderungen und setzt dem Werk eine Widmung »For Ezra Pound« voran, »il miglior fabbro« – dem besseren »Schmied«.

Marcy Kahan, eine US-amerikanische Schriftstellerin, ist im Hauptberuf Re-Writerin, das heißt, sie lebt davon, mißratene Drehbücher so umzuschreiben, daß sie verfilmbar werden. Marcy Kahan gönnt sich ab und an ein Hörspiel oder ein Drehbuch, das sie selbst schreibt; in diesem Fall bearbeitet sie ihre eigenen Texte. »Auch, wenn du sehr lange in diesem Metier arbeitest«, hat sie mir einmal gesagt, »es tut immer noch weh, auch nur eine Zeile von dir selbst rauszuschmeißen. Nie weiß ich, was ich herausnehmen oder was ich doch besser stehen lassen sollte. Eines Tages jammerte ich das meiner Redakteurin vor. Die lachte und gab mir den Tip: Marcy, kill your darling! Nimm immer das heraus, was dir ganz persönlich am Herzen liegt, denn deine Hörer haben andere Herzen. – Richte dich nach dem Text, das ist die eigentliche Arbeit. Dichten ist kürzen. Und dazu gehört ein Mindestmaß an Mordlust.«

Horaz erinnert an den lebenslangen Freund des Vergil, Quintilius Varus:

»Wenn du Quintilius etwas vortrugst, sagte er wohl: ›Verbessere bitte dies hier und dies.‹ Behauptetest du, du könntest besser nicht machen, was du zwei- oder dreimal vergeblich versucht hättest, so hieß er dich, es zu vernichten und die schlecht gedrechselten Verse zurück auf den Amboß zu legen. Wenn du den Fehler lieber verteidigen als ihn ausmerzen wolltest, verschwendete er kein Wort und keine fruchtlose Mühe, damit du dich und das Deinige nur ruhig liebtest, allein und ohne Rivalen.« (Ars Poetica, Vers 438–444)

Lob der Redaktion

Julian Barnes hatte 1990 begonnen, regelmäßig »Briefe aus London« an das Magazin »New Yorker« zu schicken. Diese Briefe wurden aber nicht unredigiert gedruckt. Barnes stand der Redakteur Charles McGrath zur Seite; über ihre Zusammenarbeit erzählt Barnes folgende Anekdote:

»Nachdem ich ungefähr die Hälfte meines Pensums erledigt hatte, gab es ein drittes oder viertes ausführliches Gespräch über einen der Briefe; ich hatte ihn schon einige Male als Fahne erhalten, jetzt war er kurz davor, zum Druck freigegeben zu werden. In diesem Stadium kennt ein Autor den Text beinahe auswendig (...). An diesem Punkt also hatte sich Charles ein Adjektiv herausgepickt, das ich verwendet hatte, eines dieser Wörter wie, sagen wir mal, *crepuscular* (dämmerig, im Zwielicht erscheinend) oder *inspissated* (eingedickt, eingedampft), die nicht zum Kernbestand meines Vokabulars gehören, nach denen ich aber von Zeit zu Zeit greife. ›Du hast *crepuscular* vorher schon einmal gebraucht‹, sagte Charles. ›Nicht daß ich wüßte‹, erwiderte ich. ›Doch, hast du‹, sagte er. ›Ich bin ziemlich sicher, daß ich es nicht benutzt habe‹, gab ich zurück und begann, mich etwas irritiert zu fühlen – zum Teufel, ich kannte das Stück in- und auswendig. ›Ich bin ganz sicher, daß du es verwendet hast‹, erklärte Charles – und ich hörte, wie sich sein Ton ein wenig verschärfte (...). ›Nun‹, sagte ich ziemlich energisch, ›in welcher Version des Textes habe ich es denn benutzt?‹ – ›Oh‹, sagte Charles, ›ich habe nicht gemeint in *diesem Brief.* Nein, in einem der vorigen Stücke. Ich schau noch mal nach.‹ Und das tat er. Ich hatte das Wort neun Monate zuvor benutzt. Jetzt nahm ich es natürlich heraus. *Das* ist, falls es jemand wissen will, Redaktion.« (Julian Barnes: Letters from London 1990–1995. London 1995, Seite 13)

Soweit das Erlebnis eines englischen Poeten mit der US-amerikanischen Redaktionskultur.

Es soll Autoren geben, meinen deren Interpreten, die ihre Texte bewußt unzugänglich gestalten, semiotische Geheimniskrämer, asianische Rhetoren. Wer weiß. Zweifellos aber waltet immer eine gewisse Zwietracht zwischen der Bemühung um Durchsichtigkeit auf der einen, der Vorliebe für das paßgenaue Wort auf der anderen Seite.

Die Legende geht, eines Tages sei ein verliebter Jungautor zu Lessing gekommen, in Not: Er wolle seiner Liebsten seine Liebe zunächst einmal brieflich anzeigen, das Ganze möglichst versifiziert; die Arbeit sei zunächst gut vorangekommen, ihre Brüste als Schneekugeln, deren Spitzen als Korallen, die Zähne als Edelsteine bezeichnet, auch ansonsten einiges kostbare Mineral zum Vergleich aufgefahren worden, dennoch, jetzt stocke es, irgendeine Würze fehle, das die Liebe ins Ohr trommelnde Wort, der Hit. Lessing, barocker Wortgewalt eher abgeneigt, nutzt die ratlose Pause und fragt nach: Was genau wollen Sie der Frau eigentlich sagen? Daß ich sie liebe, antwortet dieser, und ich ohne sie nicht länger leben mag. Dann, sagt Lessing, schreibt ihr genau das.

Liebe Leserin, lieber Leser!

Mein Freund Ralf sammelt Schneekugeln. Da er zu jeder vernünftigen Gelegenheit mit solchen Schüttelwelten bedacht wird, hat seine Kollektion mittlerweile einige monströs-exotische, abwegig-wunderbare Exemplare aufzuweisen: Neben den handelsüblichen Märchenmotiven – Schneewittchen und die sieben Zwerge, Dornröschen,

Der Teufel mit den drei goldenen Haaren und dergleichen mehr – stehen auf seinen Fensterbänken und Schränken Szenen aus Shakespeare-Stücken, Alice im Wunderland, der Chattanooga Choo Choo, New York City im Schneegestöber. In einem riesigen Glasgefäß mit Halloween-Kürbis und Gespenstern in den Bäumen wirbeln, wenn man schüttelt, anstelle von Schneeflocken Fledermäuse auf. In einem Mitbringsel aus Wien sieht man Freud in seinem Sessel und eine Patientin auf der Couch, einmal gerüttelt, rieselt es klitzekleine Penisse. Das kuriose Prunkstück seiner Sammlung aber heißt »Der Mond von Wanne-Eickel«. Es stammt aus den späten 50er Jahren des 20. Jahrhunderts: Im halbkreisförmigen Hintergrund steht die alte Post, das Rathaus und die Stadtbücherei, darüber hängt, wie im 9. Monat schwanger und zitronenfarben, der vielbesungene Mond, im Vordergrund Passanten, ein Schutzmann, eine Frau mit Kind, ein Bierkutscher, der ein Fäßchen rollt. Stellt man die Kugel auf den Kopf, zeigt sich, daß die Figuren auf winzigen, drehbaren Plattformen stehen und bewegliche Ärmchen haben: Sie wenden sich nun dem Betrachter zu, die Frau und das Kind winken, der Schutzmann legt die Hand zum Gruß an seine Mütze, der Bierkutscher reckt den Arm, der gerade noch das Faß bewegte, hoch und mit ihm den gestreckten Mittelfinger.

Jeder Zuschauer ist entzückt ob der amüsanten Zuwendung. In der Literatur hingegen ist Entsprechendes, die Ansprache an den Leser, in Verruf geraten. Vielleicht hat eine Propaganda dazu beigetragen, die das Schreiben als einsames Geschäft glorifiziert, als Form der Selbstversunkenheit, als pure Egozentrik. Als sei der Leser eine außer Sicht liegende Nachwelt, an die gar nicht zu denken ist. Peter Handke, einer allzu großen Anbiederung an sein Publikum und dessen Geschmack eher unverdächtig, anwortet auf die Frage von Heinz Ludwig Arnold, wie er sich seinen Erfolg erkläre:

Das »erklärt sich auch schon dadurch, daß ich, zwar nicht auf den Markt hin, aber wohl daraufhin schreibe, daß viele das lesen können. Ich stelle mir den und den vor, ich stelle mir zum Beispiel meine Schwester vor, die Verkäuferin ist, und denke: könnte die das lesen? (...) Es ist eine Art Kundendienst. Ich denke, daß die Leute – und ich denke immer, für alle Leute zu schreiben – cum grano salis meine Kunden wären: Und wie leben die, was ist gemeinsam zwischen unserem Leben, was können die verstehen, was wollen die vielleicht *nicht* verstehen? – aber das muß ich natürlich auch beschreiben, sonst wäre das ja Ware, was ich mache. (... Ich) bin auf eine Sprache aus, die jedem vertraut ist, die jeder kennt – und wenn mal so ein gekräuselter Satz stehenbleibt, passiert er mir halt, dann ist das ein Betriebsunfall von Handke.« (Heinz Ludwig Arnold: Als Schriftsteller leben. Reinbek bei Hamburg 1979, Seite 29f.)

Handke operiert demnach mit einem imaginären Leser, der ab und an wirklichen Personen nachgestaltet ist. Wenn sich selbstverständlich und entgegen dem esoterischen Gerücht, der Dichter wäre einer, der aus innerem Zwang vor sich hin schriebe, einsam, ohne am entferntesten an eine Veröffentlichung zu denken, wenn also alle publizierte Literatur sich an ein Publikum wendet, dieses Publikum wie im Fall Handke als Adressat dem Autor stets gegenwärtig, dem Text als imaginärer Kritiker eingeschrieben ist, dann ist die direkte Ansprache an den Leser nicht der Bruch einer hübschen, artefakten Illusion, sondern deren völlig legitime Ergänzung: Der potentielle, ideale oder imaginäre Leser wird in der Anrede zur Textfigur.

In diesem Sinne eröffnet Nikolaj Gogol in der Maske des naiven Imkers Panjko seine Erzählungen »Die Abende auf einem Weiler bei Dikanka« (1831/32), indem er sich in seinem Vorwort an den kritischen Leser richtet:

»Bei uns, mein liebenswürdiger Leser – nehmt mir diese Anrede nicht übel (...), bei uns auf den Weilern gilt von alters her: sobald die Feldarbeiten zu Ende sind, der Bauer, um den ganzen Winter über auszuruhen, auf den Ofen kriecht und unsereins seine Bienen im dunklen Keller versteckt, wenn es keinen Kranich mehr am Himmel und keine Birne mehr am Baum zu sehen gibt, dann glimmt, kaum daß es Abend wird, sicherlich irgendwo am Ende der Straße ein Lichtlein auf, Lachen und Lieder sind von ferne zu hören, eine Balalaika klimpert, bisweilen auch eine Geige, man vernimmt Unterhaltung und Lärm … Das sind unsere *Abendgesellschaften*!

(… Wenn) ihr, meine Herrschaften, zu mir kommen wollt, dann schlagt nur schön gerade auf der Poststraße den Weg nach Dikanka ein. (…) Dafür werde ich euch, wenn ihr zu Besuch kommt, Melonen vorsetzen, wie ihr solche vielleicht euer Lebtag noch nicht gegessen habt; und einen besseren Honig wie meinen werdet ihr, das schwöre ich euch, auf keinem anderen Weiler finden. (…) Aber da bin ich wahrhaftig ins Schwatzen geraten … Also, kommt nur, kommt recht bald; dann werden wir euch füttern, daß ihr davon jedem Vorübergehenden und Vorüberfahrenden erzählen werdet.« (Nikolaj Gogol: Sämtliche Erzählungen. München 1974, Seite 9–14)

Die Anrede muß nicht, wie Brecht es in verfremdender Absicht wollte, anti-illusionistisch wirken, sie zieht den angesprochenen Leser oder Betrachter nur auf eine andere, direktere Weise ins Spiel. Allerdings kann man feststellen, daß diese Wendung zum Publikum spätestens seit den Dramen der stark illusionsorientierten Aufklärung einen ironischen Beiklang gefunden hat und im Film nachgerade zum komödiantischen Element geworden ist. Slapstickgelehrte meinen, daß es der Südstaatler Oliver Norvell Hardy gewesen ist, der als erster den verzweifelten, Verständnis und moralischen Beistand einklagenden Blick durch die Kamera ins Kino-Publikum geworfen hat. Viele haben nach ihm diesen imaginären Kontakt gesucht, so auch Woody Allen, der zu Beginn seines Films »Annie Hall« (USA 1977, Der Stadtneurotiker) sich in einer festen Einstellung an die Zuschauer wendet und einen »alten Witz« erzählt. Zweifellos gehört auch jener Dr. Johannes Pfeiffer in diese Kategorie, der am Ende der »Feuerzangenbowle« (Deutschland 1944; Regie: Helmut Weiß) dem

Oliver Hardy schaut in die Kamera
Aus: William K. Everson: Laurel und Hardy und ihre Filme.
München 1980.

Publikum gegenüber das Spiel für beendet, zur bloßen Erfindung erklärt und sich selbst zum Teil des nun aufhörenden Spiels.

Wenigstens die Komödianten also winken bis heute aus ihren Schneewelten heraus.

Wer sein Publikum begrüßt, der darf sich auch von ihm verabschieden. So geschieht es in Heinrich Heines Nachwort zu »Der Romanzero« (1851), diesem prosaischen Wunderwerk am Ende seiner letzten Gedichtsammlung:

»Ich breche hier ab«, schreibt der Autor, der, seit Jahren sterbenskrank, am 30. September 1851 aus seiner Matratzengruft heraus diktiert, »denn ich gerate in einen larmoyanten Ton, der vielleicht überhandnehmen kann, wenn ich bedenke, daß ich jetzt auch von Dir, teurer Leser, Abschied nehmen soll. Eine gewisse Rührung beschleicht mich bei diesem Gedanken; denn ungern trenne ich mich von Dir. Der Autor gewöhnt sich am Ende an sein Publikum, als wäre es ein vernünftiges Wesen. Auch Dich scheint es zu betrüben, daß ich Dir Valet sagen muß; Du bist gerührt, mein teurer Leser, und kostbare Perlen fallen aus Deinen Tränensäckchen. Doch beruhige Dich, wir werden uns wiedersehen in einer besseren Welt, wo ich Dir auch bessere Bücher zu schreiben gedenke.« (Heinrich Heine: Sämtliche Werke I: Gedichte. München 1978, Seite 635)

Literatur bleibt Dienst am Kunden bis zuletzt und, wenn möglich, sogar darüber hinaus.

Dank an:
Beate, für Verbesserungen und Ratschläge angelsächsischer & universeller Natur;
Sophie und Jan, für Erfrischung, Aufmunterung und Ablenkung zur rechten Zeit;
meine Eltern und Groß- und Schwiegereltern, überhaupt und für alles;
Joachim Wittkowski, Steuermann durch den Cyberspace;
Uwe K. Ketelsen, für vieles Grundsätzliche & all die überlieferungswürdigen Aussprüche;
Karla Günther-Hielscher, für ihre russische Hilfestellung;
Max Goldt, für den durch seinen Brief geschenkten Tag.

Literaturhinweise

Ackroyd, Peter: T. S. Eliot. Eine Biographie. Frankfurt am Main 1988

Arieti, Silvano: Schizophrenie. Ursachen, Verlauf, Therapie, Hilfen für Betroffene. München 1985, 2. Auflage 1986

Aristoteles: Poetik. Griechisch/Deutsch. Stuttgart 1982, bibliographisch ergänzte Ausgabe 1994

Arnold, Heinz Ludwig: Gespräche mit Schriftstellern. München 1975

Arnold, Heinz Ludwig: Als Schriftsteller leben. Reinbek bei Hamburg 1979

Augustin, Ernst: Der amerikanische Traum. Frankfurt am Main 1989

Augustinus: Confessiones. Zitiert nach: Frances A. Yates: Gedächtnis und Erinnern. Mnemonik von Aristoteles bis Shakespeare. Weinheim/Berlin 1990

Auster, Paul: Das rote Notizbuch. Reinbek bei Hamburg 1996

Austin, John L.: Zur Theorie der Sprechakte (How to do things with Words). Stuttgart 1972

Banks, Ian: Ein paar Anmerkungen zur KULTUR. In: Wolfgang Jeschke (Hg.): Das Science Fiction Jahr. Ausgabe 1996. München 1995

Barnes, Julian: Letters from London 1990–1995. London 1995

Becker, Jurek: Jurek Becker über das Schreiben. Unterwegs. Lesebuch für das 10. Schuljahr. Erarbeitet von Elke Bleier-Staudt u. a. Stuttgart 1996

Bergsten, Gunilla: Thomas Manns Doktor Faustus. Studia Litterarum Upsaliensia 3. Stockholm 1963

Böhmer, Otto A.: Der Wunsch zu bleiben. Frankfurt am Main 1985

Böhmer, Otto A.: Das Jesuitenschlößchen. Frankfurt am Main 1987

Born, Nicolas: Gedichte 1967–1978. Reinbek bei Hamburg 1981

Bornemann, Hanns: Teegespräche mit Dichtern. Hamm 1950

Brecht, Bertolt: Arbeitsjournal 1938 bis 1942, 1942 bis 1955. Frankfurt am Main 1974

Brecht, Bertolt: Arbeitsjournal 1938–1942. Frankfurt am Main 1973. Supplementband

Brecht, Bertolt: Der gute Mensch von Sezuan. Frankfurt am Main 1964

Brecht, Bertolt: Gesammelte Gedichte. Band 2. Frankfurt am Main 1967, 2. Auflage 1978

Brehmer, Arthur (Hg.): Die Welt in 100 Jahren. Nachdruck der Ausgabe Berlin 1910. Hildesheim/Zürich/New York 1988

Brod, Max: Franz Kafka – Eine Biographie. In: Max Brod über Franz Kafka. Frankfurt am Main 1974

Büchner, Georg : Sämtliche Werke und Briefe. Band 1. München 1974, 3. Auflage 1979

Burchard, Johann M.: Lehrbuch der systematischen Psychopathologie. Band II. Stuttgart/New York 1980

Burger, Hermann: Die allmähliche Verfertigung der Idee beim Schreiben. Frankfurter Poetik-Vorlesung. Frankfurt am Main 1986

Camus, Albert: Die Pest. Hamburg 1950

Delius, Friedrich Christian: Der Held und sein Wetter. Ein Kunstmittel und sein ideologischer Gebrauch im Roman des bürgerlichen Realismus. München 1971

Dostojewskij Fjodor M.: Die Dämonen. München 1977. 7. Auflage 1985

Dostojewskij, Fjodor M.: Die Brüder Karamasow. München 1978

Duden, Anne: Übergang. Berlin 1982, 1987

Eckermann, Johann Peter: Gespräche mit Goethe in den letzten Jahren seines Lebens. Frankfurt am Main 1955. 3. Auflage 1987

Eich, Günter: Gesammelte Werke. Band II: Die Hörspiele 1. Frankfurt am Main 1973

Eik, Jan: Heinz Werner Höber – Der Mann, der Jerry Cotton war. Berlin 1996

Ferguson, Niall (Hg.): Virtuelle Geschichte: Historische Alternativen im 20. Jahrhundert. Darmstadt 1999

Fischer-Lamberg, Hanna: Der junge Goethe. Neu bearbeitete Ausgabe in fünf Bänden. Band V: Januar – Oktober 1775. New York 1973

Flaubert, Gustave: Briefe. Herausgegeben und übersetzt von Helmut Scheffel. Zürich 1977

Flaubert, Gustave: Madame Bovary. München 1980
Flaubert, Gustave: Das Wörterbuch der Gemeinplätze. Zürich 1998
Fontane, Theodor: Briefe. Dritter Band. Darmstadt 1980
Forster, Edward Morgan: Aspects of the Novel. 1927. Hier zitiert nach der Ausgabe: London 1976
Fort, Charles: Da! Frankfurt am Main 1997
Frisch, Max: Halten Sie sich für einen guten Freund? Elf Fragebogen. Frankfurt am Main 1992
Frisch, Max: Stiller. Frankfurt am Main 1954
Gnilka, Joachim: Jesus von Nazaret. Botschaft und Geschichte. Freiburg im Breisgau 1993
Goethe, Johann Wolfgang: Der junge Goethe. Neu bearbeitete Ausgabe in fünf Bänden. Hg. Hanna Fischer-Lamberg. Band V: Januar – Oktober 1775. Berlin/New York 1973.
Goethe, Johann Wolfgang: Maximen und Reflexionen. In: Werke. Hamburger Ausgabe. Band 12. München 1982
Goethe, Johann Wolfgang: Werke. Hamburger Ausgabe. Kommentiert von Erich Trunz und Benno von Wiese. München 1981
Goethe, Johann Wolfgang/Schiller, Friedrich: Briefwechsel. Hg.: Hans Gerhard Gräf/Albert Leitzmann. Frankfurt am Main/Wien/Zürich 1964
Gogol, Nikolaj: Sämtliche Erzählungen. München 1974
Gogol, Nikolaj: Die toten Seelen. München 1974
Goldt, Max: Quitten für die Menschen zwischen Emden und Zittau. Zürich 1993
Gontscharow, Iwan A.: Oblomow. München 1980
Grzimeks Tierleben – Enzyklopädie des Tierreichs. Sonderband Verhaltensforschung. Hg.: Klaus Immelmann. Zürich 1974
Heine, Heinrich: Sämtliche Werke I: Gedichte. München 1978
Highsmith, Patricia: Suspense oder Wie man einen Thriller schreibt. Zürich 1990
Hohoff, Curt: Heinrich von Kleist. Reinbek bei Hamburg 1958
Hölderlin, Friedrich: Sämtliche Werke und Briefe. Band I und II. Hg.: Günter Mieth. München 1970, 3. Auflage 1981
Horatius, Quintus Flaccus: Ars Poetica/Die Dichtkunst = Epistula ad Pisones / Brief an die Pisonen. Stuttgart 1972, revidierte und bibliographisch ergänzte Auflage 1984
Horaz: Ars Poetica. Die Dichtkunst. Lateinisch/Deutsch. Stuttgart 1972, revidierte und bibliographisch ergänzte Ausgabe 1984

Hugo, Richard: The Triggering Town. New York/London 1982, 1992
James, Clive: Snakecharmers in Texas. London 1989
Kafka, Franz: Briefe 1902–1924. Frankfurt am Main 1975
Kafka, Franz: Hochzeitsvorbereitungen auf dem Lande und andere Prosa aus dem Nachlaß. Frankfurt am Main 1980
Kafka, Franz: Der Prozeß. Frankfurt am Main 1983
Kafka, Franz: Sämtliche Erzählungen. Frankfurt am Main 1975
Kafka, Franz: Das Schloß. Frankfurt am Main 1982
Kafka, Franz: Tagebücher 1910–1923. Frankfurt am Main 1957
Kemelmann, Harry: Quiz mit Kemelmann. Reinbek bei Hamburg 1969, 1991
Kleist, Heinrich von: Sämtliche Werke und Briefe. München 1952, 6., ergänzte und revidierte Auflage 1977
Koeppen, Wolfgang: Einer der schreibt. Gespräche und Interviews. Hg.: Hans-Ulrich Treichel. Frankfurt am Main 1995
Kuhne, Bernd/Boehncke, Heiner: Anstiftung zur Poesie. Theorie und Praxis von Oulipo. Bremen 1993
Küng, Hans: Existiert Gott? Antwort auf die Gottesfrage der Neuzeit. München 1981, 6. Auflage 1991
Lax, Eric: Woody Allen. Wie ernst es ist, komisch zu sein. Reinbek bei Hamburg 1982
Lax, Eric: Woody Allen. Eine Biographie. Köln 1992
Lenz, Hermann: Den Verfall hinauszögern. In: Büchner-Preis-Reden 1972–1983. Stuttgart 1984
Lessing, Gotthold Ephraim: Der junge Gelehrte. In: Das dichterische Werk. Hg.: Herbert G. Göpfert. Band 1. München 1979
Link, Jürgen/Link-Heer, Ursula: Literatursoziologisches Propädeutikum. München 1980
Lodge, David: Die Kunst des Erzählens. Illustriert anhand von Beispielen aus klassischen und modernen Texten. Zürich 1993
MAD Nr. 30, Aachen 1967
Mann, Klaus: Der Vulkan. Roman unter Emigranten. München 1991
Mann, Thomas: Buddenbrooks. Verfall einer Familie. 1901, hier zitiert nach: Frankfurt am Main 1957
Mann, Thomas: Die Erzählungen. Frankfurt am Main 1986
Mann, Thomas: Die Entstehung des Doktor Faustus. Roman eines Romans. Amsterdam 1949, hier zitiert nach der Ausgabe Frankfurt am Main 1984

Marbacher Magazin Nr. 68/1994: Vom Schreiben 12: Das weiße Blatt oder Wie anfangen? Hg.: Ulrich Ott. Marbach am Neckar 1994

Marlowe, Christopher: Die tragische Historie vom Doktor Faustus. Stuttgart 1964

Masters, Edgar Lee: Die Toten von Spoon River. München 1987

May, Karl: Winnetou III. Wien (Tosa Verlag) o. J.

May, Karl: Winnetou und der Scout. München 1995

Mendelssohn, Peter de: Der Zauberer. Das Leben des deutschen Schriftstellers Thomas Mann. Erster Teil 1875–1918. Frankfurt am Main 1975

Meyrink, Gustav: Des deutschen Spießers Wunderhorn. Frankfurt am Main/Berlin 1992

Morgenstern, Christian: Galgenlieder. In: Alle Galgenlieder. Zürich 1981

Musil, Robert: Der Mann ohne Eigenschaften. Erstes Buch. Erster Teil. Kapitel 4: Wenn es einen Wirklichkeitssinn gibt, muß es auch Möglichkeitssinn geben. In: Gesammelte Werke 1, Reinbek bei Hamburg 1978

Perry Rhodan Sonderheft Nr. 2, Rastatt 1978

Platon: Phaidros. Nach der Übersetzung von Friedrich Schleiermacher und der Stephanus-Numerierung, herausgegeben von Walter F. Otto, Ernesto Grassi, Gert Plamböck. Reinbek bei Hamburg 1958

Pynchon, Thomas: Spätzünder. Frühe Erzählungen. Reinbek bei Hamburg 1985

Reemtsma, Jan Philipp: Antifüsiek. Folia Patafysica, Heft 6, Rheinbach-Merzbach 1986, 2. unveränderte Auflage 1989

Rendell, Ruth: Urteil in Stein. München 1988

Rico, Gabriele L.: Garantiert schreiben lernen. Reinbek bei Hamburg 1984

Rimbaud, Arthur: Sämtliche Dichtungen. Hg. und übertragen von Walther Küchler. Heidelberg 1982

Saramago, José: Die Stadt der Blinden. Reinbek bei Hamburg 1977

Scheer, Karl Herbert: Der Unsterbliche. München 1964 = *Perry Rhodan* Heft Nummer 19

Schiller, Friedrich: Sämtliche Werke, Band I, München 1984

Schmidt, Arno: Der Platz, an dem ich schreibe. In: Trommler beim Zaren. Reprint der von Arno Schmidt autorisierten Erstausgabe von 1966. Frankfurt am Main 1985

Schmidt, Johann N.: Wolken-Kratzer. Ästhetik & Konstruktion. Köln 1991
Schumann, Otto (Hg.): Grundlagen der Schreibkunst. Handbuch für Schriftsteller, Pädagogen, Germanisten, Redakteure und angehende Autoren. Herrsching 1983
Seeßlen, Georg: Klassiker der Filmkomik. Geschichte und Mythologie des komischen Films. Reinbek bei Hamburg 1982
Shakespeare, William: Sämtliche Werke. München 1984
Šklovskij, Victor: Die Kunst als Verfahren. In: Jurij Striedter: Russischer Formalismus. München 1969, 1971
Stevenson, Robert Louis: Essays in the Art of Writing. London 1912
Striedter, Jurij: Russischer Formalismus. München 1969, 1971
Die Erzählungen aus den Tausendundein Nächten. Nach dem arabischen Urtext der Calcuttaer Ausgabe aus dem Jahr 1839, übertragen von Enno Littmann
Tichy, Wolfram: Chaplin. Reinbek bei Hamburg 1974
Trimboli, Giovanni: Charles M. Schulz. 40 Years Art and Life. New York 1990
Truffaut, François: Mr. Hitchcock, wie haben Sie das gemacht? München 1984
Tschechov, Anton: Briefe. Hg. und übersetzt von Peter Urban. Zürich 1979, 1998
Wagenbach, Klaus: Kafka. Reinbek bei Hamburg 1964
Weiss, Peter: Der Schatten des Körpers des Kutschers. Frankfurt am Main 1980
Weiss, Peter: Die Ästhetik des Widerstands. Frankfurt am Main 1985
Wolf, Gerhard: Im deutschen Dichtergarten. Lyrik zwischen Mutter Natur und Vater Staat. Darmstadt/Neuwied 1985
Wolffheim, Elsbeth: Anton Tschechov. Reinbek bei Hamburg 1982, 6. Auflage 1998
Zorn, Fritz: Mars. Frankfurt am Main 1979

RECLAM-BIBLIOTHEK

Lexikon der wunderbaren Fahrzeuge

Herausgegeben von Hartmut Kasper
221 Seiten. Mit 18 Abbildungen. RBL 1652. 16,90 DM
ISBN 3-379-01652-7

Die unbändige Reiselust des Menschen hat sich von ungünstigen Naturgesetzen nie abschrecken lassen und seit jeher nach Märchenländern, Unterwasserstaaten, überirdischen Imperien und anderen Traumwelten gesucht. Während all diese Regionen mittlerweile katalogisiert und kartographiert sind, hat man bis heute kaum die Tatsache berücksichtigt, daß man für erdachte Räume phantastische Fahrzeuge braucht.
Dieses Buch präsentiert die Welt der imaginären Fortbewegungsmittel: den schnellen Raumkreuzer Orion und die Enterprise, Tarzans Liane, den Starlight-Express, Hexenbesen und fliegende Teppiche, den Zug nach nirgendwo, die Yellow Submarine, Spiegel, Käfer und Regenschirme.

»Für erwachsen gewordene Träumer mag das Büchlein ein Quell glückseliger Erinnerungen an schwärmerische Kindertage sein, den anderen dient es vielleicht als Ermutigung, neue Wege zu beschreiten, denn der Weg ist das Ziel.«

Frankfurter Allgemeine Zeitung

RECLAM-BIBLIOTHEK

Gudrun Schury
Goethe-ABC

214 Seiten. Mit 6 Abbildungen. RBL 1600. 18,– DM
ISBN 3-379-01600-4

Ein gutes ABC ist wie ein gutes Büfett: Von Anfang bis Ende reichhaltig besetzt, befriedigt es jeden Geschmack und verführt doch nicht zur Völlerei. Aus Goethes Speisekammern üppige Bankette zu bestreiten ist eine wahre Freude, und so finden sich leichte Häppchen wie »Hühnermönch«, »Koriander«, »Zuckererbsen« oder »Yo-Yo«, gewitzte Arrangements von »Quark« und »Cervelat«. Für Gaumenkitzel sorgen die Kanapees »Äugelchen« oder »Lebensfragen«, »Reim«-Varianten verlocken zum Dessert.

Gudrun Schury, Literaturwissenschaftlerin und Dozentin in Bamberg, hat ein opulentes ABC zusammengestellt, von »Achtundzwanzigster August« bis »Zwischenkieferknochen« – für den Goethe-Kundigen und den Goethe-Novizen.

»Ein höchst anregendes Goethe-Brevier für Fortgeschrittene.«

Frankfurter Neue Presse

»Für Freunde des Herrn Geheimrat ist das Goethe-ABC Pflichtlektüre.«

Buchkultur

RECLAM-BIBLIOTHEK

Ulrike Sprenger
Proust-ABC

222 Seiten. Mit 5 Abbildungen. RBL 1601. 18,– DM
ISBN 3-379-01601-2

Als Marcel Proust seinen Roman *Auf der Suche nach der verlorenen Zeit* schrieb, rechnete er damit, daß sich seine Leser in diesem endlos detailfreudigen Werk verlieren würden. Um die Lektüreanstrengung zu erleichtern und den Lektüregenuß zu steigern, hat die Münchner Romanistin Ulrike Sprenger Stichworte aus Prousts Leben und Werk zu einem vielsagenden ABC zusammengetragen, das einzelne Motive deutet, über komplizierte Handlungsstränge aufklärt, biographische Kuriositäten präsentiert, markante Romanfiguren porträtiert und die zugrundeliegende Poetik skizziert.

Das *Proust-ABC* setzt Orientierungspunkte, ist ein Kompaß für die Erkundung eines der schönsten und facettenreichsten Romane der Weltliteratur.

RECLAM-BIBLIOTHEK

Stefan Neuhaus
Fontane-ABC

238 Seiten. Mit 10 Abbildungen. RBL 1631. 19,– DM
ISBN 3-379-01631-4

Theodor Fontanes Werk ist unverwüstlich, seine Balladen wie »Die Brück' am Tay« gehören zum festen Zitierrepertoire, seine »Wanderungen« begleiten unzählige Touristen durch die Mark Brandenburg, seine Romane wie »Effi Briest« und »Der Stechlin« sind Teil der großen europäischen Erzählliteratur des 19. Jahrhunderts.

Stefan Neuhaus, Literaturwissenschaftler, hat ein ABC geschrieben, das Leben und Werk des preußischen Autors auf amüsante und lehrreiche Weise auffächert. Es belehrt über die »Birnen« und ihre vielseitige Verwendung bei Fontane, über »sprechende Namen« wie den des Fräulein Honig (in »Frau Jenny Treibel«), oder über das Selbstporträt, das sich in der Gestalt des Pastor Lorenzen (in »Der Stechlin«) findet: »Nichts Menschliches war ihm fremd, weil er sich selbst als Mensch empfand und sich eigner menschlicher Schwäche jederzeit bewußt war.«

»Fontane hätte für dieses Buch, seine Methode und seinen Esprit, sicherlich sehr viel übrig gehabt.«

Fontane Blätter

RECLAM-BIBLIOTHEK

Rolf-Bernhard Essig/Gudrun Schury
Karl-May-ABC

248 Seiten. Mit 9 Abbildungen. RBL 1671. 19,– DM
ISBN 3-379-01671-3

Neunzig Millionen Leser in aller Welt können sich nicht irren: Karl May bleibt ein Solitär der Literaturgeschichte und dennoch bei aller Beliebtheit ein Sonderling. Neue Blicke durch die alten Löcher erlauben gerade bei Karl May, dem meistgelesenen Autor Deutschlands, überraschende und originelle Einsichten, denn nur wenige kennen ihn wirklich.

Rolf-Bernhard Essig und Gudrun Schury, beide Literaturwissenschaftler in Bamberg, bahnen mit ihrem Karl-May-ABC einen Pfad durchs lockend Unbekannte. In alphabetischer Expedition durch gefährliche Editionsdschungel, durch unwegsames Prozeßgestrüpp und lichtlose Legendenurwälder.

»Die Einträge sind nicht selten kurz und von kabarettistischer Prägnanz, manche wiederum ausführlich und philologisch fundiert – dabei nie dröge und angestaubt.«

Süddeutsche Zeitung

»Ein unentbehrliches Nachschlagewerk für alle Karl-May-Freunde.«

Salzburger Woche

RECLAM-BIBLIOTHEK

Bernhard H. F. Taureck
Nietzsche-ABC

256 Seiten. RBL 1679. 18,– DM
ISBN 3-379-01679-9

Paul Valéry brachte die Wirkung Nietzsches auf den Punkt: Er sei keine Nahrung, sondern ein Aufputschmittel. Man hat Nietzsche gefeiert, und man hat ihn verboten. Seine Nachwirkungen im 20. Jahrhundert spiegeln seine Widersprüchlichkeit. Nietzsche verlangte die Ausrottung entarteter Menschen und glaubte gleichzeitig an eine harmonische Lebensweltgestaltung der Zukunft. Er äußerte sich pazifistisch und militaristisch. Er wollte Weltbürger sein und wurde im Deutsch-Französischen Krieg 1870/71 von nationalistischen Leidenschaften ergriffen. Er war Philosemit und lastete den Juden die Erfindung der Moral an. Er verkündete für Europa eine ökonomische Globalisierung und wünschte eine kulturelle Mobilmachung der Deutschen. Nietzsche radikalisierte Modernität und Antimodernität in einem Atemzuge.

Bernhard H. F. Taureck lehrt Philosophie an der Technischen Universität Braunschweig. Zuletzt erschienen »Nietzsches Alternativen zum Nihilismus« (1991), »Lévinas zur Einführung« (1997) und »Michel Foucault« (1997).